Praxisratgeber der Akademie für Kindergarten, Kita und Hort

Schwierige Elterngespräche in der Kita – und wie sie gelingen

Eike Hovermann · Melanie Gräßer (Herausgeber)
Daniela Sauermann

Klett Kita

Impressum

ISBN 978-3-96046-078-7

Klett Kita GmbH · Rotebühlstraße 77 · 70178 Stuttgart · Internet: www.klett-kita.de

Projektleitung und Redaktion:	Verena Ivanowitsch
Herausgeber:	Melanie Gräßer, Eike Hovermann
Autorin:	Daniela Sauermann
Lektorat:	Nicole Woratz
Umschlaggestaltung:	DOPPELPUNKT, Stuttgart
Gestaltung und Satz Innenteil:	ISM Satz- und Reprostudio GmbH, München
Druck:	Paper & Tinta, Nadma

Gedruckt auf chlorfrei gebleichtem Papier.

Aus Gründen der besseren Lesbarkeit wird in diesem Buch durchgehend die weibliche grammatische Form verwendet. Männliche Leser und Erzieher mögen uns dies verzeihen und sich bitte ebenfalls angesprochen fühlen.

Bibliografische Information der Deutschen Nationalbibliothek. Die Deutsche Nationalbibliothek verzeichnet diese Publikation in der Deutschen Nationalbibliografie. Detaillierte bibliografische Daten sind im Internet über http://dnb.d-nb.de abrufbar.

4. Auflage

Bildnachweis: Gettyimages.com
S. 6: Michael Powell | S. 8: Luca Sage | S. 10: Jamie Garbutt | S. 12: AleksandarNakic | S. 16: KidStock | S. 17: ideabug | S. 19: calvindexter | S. 20: PeopleImages | S. 22: triocean | S. 23: SerrNovik, Sudowoodo | S. 24: KidStock | S. 26: natasaadzic | S. 27–29: FrankRamspott | S. 30: Fernow | S. 32: ieang | S. 34: numbeos | S. 37: pixelliebe | S. 38: aristotoo | S. 40: Catherine Delahaye | S. 42: MicroStockHub | S. 44: PATCHARIN SIMALHEK | S. 46: Catherine Delahaye | S. 48: Juanmonino | S. 49: monkeybusinessimages | S. 50: HunterBliss | S. 52: EvgeniiAnd | S. 53: Juanmonino | S. 54: nemke | S. 58: Thomas Barwick | S. 60: franckreporter| S. 61: Mukhina1 | S. 63: laflor | S. 64: Wavebreakmedia | S. 65: 10‘000 Hours| S. 66: Yuji Kotani| S. 68: manley099. | S. 70: Spiderstock | S. 73: JGIJamie Gril | S. 75: Image Source | S. 77: Image Source | S. 78: themacx | S. 83: mheim3011

Bildnachweis Coverfoto: Gettyimages.com/Tom Werner

Inhalt

Vorwort ... 5

Kapitel 1:
Herausforderung Elterngespräche – so klappt es mit der Kommunikation ... 7
Elterngespräche in allen Variationen ... 8
Warum die Kommunikation nicht mit allen Eltern leicht ist ... 10

Kapitel 2:
Innere Einstellung zu Eltern – nervend oder nicht ... 13
Die dialogische Haltung ... 15
Entschleunigung im Gespräch ... 18
Umgang mit eigenen Gefühlen und Stress ... 19

Kapitel 3:
Einmaleins der Gesprächsführung – über das Reden und Zuhören ... 21
Mit 4 Ohren hören ... 22
Ich-Botschaften sind wichtig ... 25
Fragen richtig stellen ... 26
Aktives Zuhören ... 30

Kapitel 4:
Fünf Phasen eines Gesprächs – warum Smalltalk so wichtig ist ... 35
Eine runde Sache ... 36
Phase 1: Kontaktaufnahme oder Gesprächseröffnung ... 36
Phase 2: Zielklärung oder der rote Faden ... 39
Phase 3: Analysephase ... 41
Phase 4: Beschlussphase ... 44
Phase 5: Abschlussphase ... 45

Kapitel 5:
Entwicklungsgespräche – eine individuelle Angelegenheit ... 47
Entwicklungsgespräche und ihre Bedeutung ... 48
Die 10 Schritte eines erfolgreichen Entwicklungsgesprächs ... 49

Kapitel 6:
Konfliktgespräche – und wenn es dann mal kracht ... 59
Konfliktgespräche gehören zum Kita-Alltag ... 60
Ablauf eines typischen Konfliktgesprächs ... 63

Kapitel 7:
Tür- und Angel-Gespräche – Elternkontakt auf dem Flur 71
Zwischen Bringen und Holen 72
5 Tücken zwischen „Tür und Angel“.................................. 73
So wichtig sind Tür-und Angel-Gespräche 77

Kapitel 8:
Beleidigungen und Co. – wenn es unter die Gürtellinie geht 79
Bis hierhin und nicht weiter....................................... 80
Souverän antworten – Beispiele 81
Ruhe bewahren und Abstand nehmen – Tipps........................... 82
5 Profitechniken für schwierige Gespräche 83

Anhang – Kopiervorlagen als Arbeitshilfen
Selbsteinschätzungsbogen Kommunikation 86
Reflexionsbogen: Meine innere Einstellung zu Eltern 88
Checkliste zur Selbstbeobachtung: Was mache ich gegen Stress? 89
Checkliste: Mein Verhalten in der Analysephase bei Elterngesprächen .. 90
Reflexionsbogen: Wie gehe ich mit Konflikten um? 91
Reflexionsbogen zur Lösungsstrategie von Konflikten 92
Reflexionsbogen: Mein Verhalten bei Tür-und-Angel-Gesprächen 93
Reflexionsfragen nach Elterngesprächen 94

Literaturverzeichnis 95

Zur Autorin 96

Vorwort

Die Begleitung und Beratung von Eltern zu Entwicklungsfragen ihrer Kinder ist ein wichtiger Teil Ihrer Arbeit. Manche Elterngespräche stellen selbst gestandene Profis vor besondere Herausforderungen, denn nicht immer laufen sie so, wie Sie es vorher geplant haben. Manchmal haben Sie vielleicht auch das Gefühl, gegen Wände zu reden oder im Extremfall sogar gegeneinander zu arbeiten. Dabei sollten Sie doch eigentlich dasselbe Ziel vor Augen haben: Das Wohl jedes Kindes!

Wir freuen uns, dass wir eine der besten Trainerinnen der Kindergartenakademie als Autorin für Sie gewinnen konnten. In diesem Praxisratgeber vermittelt sie Ihnen die Grundlagen der ressourcenorientierten Gesprächsführung praxisnah und anschaulich. Anhand konkreter Beispiele aus dem Kita-Alltag werden Gesprächsstrategien und Kommunikationsformen dargestellt. Gleichzeitig erhalten Sie viele konkrete Praxistipps und Tricks, die Sie sofort in Ihrem nächsten Elterngespräch umsetzen können.

Ein weiterer Schwerpunkt liegt in der souveränen Führung von besonders herausfordernden Elterngesprächen. Sie bekommen einen umfangreichen Überblick über die Gestaltungs- und Durchführungsmöglichkeiten eines konstruktiven Elterngesprächs. Und Sie erfahren ebenfalls, wie Sie Ihren eigenen authentischen Stil entwickeln, der Ihnen zu mehr Sicherheit im Umgang mit herausfordernden Eltern verhilft, um auch schwierige Gespräche souverän und kompetent durchführen zu können.

Dieser Praxisratgeber wird Ihnen eine echte Hilfe, wertvolle Begleitung und später noch ein Nachschlagewerk bei vielen Fragen rund um das Elterngespräch sein. Nutzen Sie die Ideen, Anregungen, Tipps und Tricks, die Ihnen helfen, noch gelassener erfolgreiche Elterngespräche zu führen.

Wir wünschen Ihnen zukünftig viele gelungene Gespräche mit den Eltern.

Melanie Gräßer und Eike Hovermann

Herausforderung Elterngespräche

Kuchen? Nein, danke!

Frau Berthold, eine erfahrene Erzieherin, seufzt, wenn sie an das letzte Gespräch mit der Mutter von Lisa denkt. Sie ärgert sich sehr, vor allem, weil sie das Gefühl hat, dass nichts von dem, was sie gesagt hat, bei der Mutter angekommen ist. Dabei ging es um keine große Sache. Sie wollte die Mutter lediglich daran erinnern, dass sie sich in die Aufgabenliste für das anstehende Sommerfest einträgt. Und was ist passiert?

Die Mutter steht vor ihr mit verschränkten Armen und bringt wie immer ihr Argument: Sie hat keine Zeit! Frau Berthold malt sich in Gedanken das weitere Szenario aus: Lisas Mutter steht beim Sommerfest wahrscheinlich wieder gut gelaunt am Kuchenbüfett und plaudert mit den anderen Eltern. Aber selbst einen Kuchen backen – nein! Dafür hat die Mutter natürlich keine Zeit. Frau Berthold beschließt, sich nicht weiter zu ärgern, und denkt sich halb ernst und halb scherzhaft: Die Arbeit mit den Kindern könnte doch so schön sein, wenn da nur nicht die Eltern wären …! Beim nächsten Gespräch mache ich es anders, dann klappt das auch mit dem Kuchen.

1

So klappt es mit der Kommunikation

Elterngespräche in allen Variationen

Gespräche mit Eltern verlaufen häufig ganz unterschiedlich und manchmal hinterlassen diese Begegnungen ein ungutes oder sogar ein unzufriedenes Gefühl.

Haben Sie sich auch schon mal gefragt:

- „Warum verstehen mich die Eltern einfach nicht? Das habe ich doch schon 1 000 Mal gesagt."
- „Was muss ich denn noch alles tun, damit die Eltern mich verstehen?"
- „Was muss ich noch sagen oder tun, damit die Eltern endlich zufrieden sind?"
- „Was muss ich mir eigentlich alles von den Eltern bieten lassen?"

Ohne Eltern geht es nicht!

Eltern sind die Experten ihrer Kinder. Sie wissen in der Regel über den bisherigen Entwicklungsverlauf, die Interessen und Stärken, aber auch über Schwächen und das familiäre und außerfamiliäre Lebensumfeld des Kindes am besten Bescheid. Diese Kenntnis ist unverzichtbar für Ihre pädagogische Arbeit mit dem jeweiligen Kind. Auch wenn es für Sie nicht immer leicht ist: Um dieses Wissen abzuschöpfen, braucht es Gespräche mit den Eltern. Der Schlüssel für eine wertschätzende, vertrauensvolle Beziehungsgestaltung ist die richtige Kommunikation mit den Eltern!

Elterngespräche gehören zum täglichen Miteinander in der Kita und das Gespräch wird als alltäglichste Form der Kommunikation gesehen. Das gesprochene Wort scheint dabei machtvoll zu sein: Es schafft Verbindung, ermöglicht Begegnung, gibt Sicherheit und vieles mehr. Schwierig wird es jedoch, wenn Eltern unzufrieden sind und sich eine negative Energie entlädt.

Gerade in schwierigen und ungeklärten Gesprächssituationen können Emotionen eine große Rolle spielen. In solchen Situationen kann es passieren, dass sich sowohl bei Eltern als auch bei Ihnen als pädagogische Fachkraft Selbstzweifel, Ohnmachtsgefühle, aber auch Angst bis hin zu Wut entwickeln. Das vermeintlich „Einfachste der Welt", das miteinander Reden, wird dann eher als Belastung gesehen und nicht mehr als Bereicherung erlebt.

Im Spannungsfeld zwischen überengagierten und desinteressierten bis hin zu destruktiven Eltern liegt es in Ihrer Hand, eine gute Beziehung zu den Eltern herzustellen, diese positiv zu gestalten und zum Wohle des Kindes aktiv weiter zu entwickeln.

Ziel: Die gelebte Erziehungspartnerschaft

Für die optimale frühkindliche Entwicklung ist ein kontinuierlicher Bildungs- und Lernprozess notwendig, der von Ihnen als Erzieherin und den Eltern gleichermaßen verlässlich begleitet wird. Sie tauschen sich mit den Eltern über die Betreuung, Bildung und Erziehung aus, reflektieren gemeinsam im Interesse des Kindes und verbinden bewusst die beiden Lebenswelten Kita und Familie.

Diese gelebte Erziehungspartnerschaft wirkt sich positiv auf die Entwicklung des Kindes aus. Sie sorgt für Sicherheit und Geborgenheit und trägt zum Wohlfühlen des Kindes in der Kita bei. Das Kind ist in der Lage, sich neugierig für neue Lernerfahrungen in der Kita zu öffnen und über Gruppenerfahrungen eigene Stärken und Kompetenzen zu entwickeln, Entscheidungen zu treffen oder sich gegenüber anderen Kindern durchzusetzen. Das Kind kann Erfahrungen machen, die es zu Hause nicht erleben würde.

Aus dem Verständnis heraus, dass die Zusammenarbeit mit Eltern sinnhaft und wichtig ist, entsteht eine gegenseitige Wertschätzung: Für die Kita ist die Familie eine Bereicherung und für die Familie die Kita. Es gibt einen gemeinsamen Blick auf das Kind und die Klärung, wer welchen Beitrag für eine weitere gelingende Entwicklung leistet.

Eine Bildungs- und Erziehungspartnerschaft setzt voraus, dass Sie und die Eltern einander gut kennen, vertrauen und regelmäßig miteinander kommunizieren.

Eltern …

- sind als Experten ihrer Kinder zu respektieren.
- wollen das Beste für ihre Kinder.
- haben manchmal andere Wertvorstellungen und andere Ziele.
- sind der richtige Ansprechpartner für die Erziehung ihrer Kinder.
- und ihre Erziehungsleistung sind anzuerkennen und wertzuschätzen.
- sollten als Personen wahrgenommen werden, die auch Sorgen und Ängste haben.
- sollen Anerkennung und Wertschätzung für ihre Erziehungsleistung erfahren.
- sollen sich im Kindergarten jederzeit
- willkommen fühlen.
- sollten immer ernst genommen werden.

Gesprächsanlässe gibt es viele:

- Aufnahmegespräche
- Tür-und-Angel-Gespräche
- Elternabende
- Entwicklungsgespräche
- Beratungsgespräche
- Konfliktgespräche
- besondere Anlässe wie Feiern, Ausflüge oder gemeinsame Aktionen

Elterngespräche sind elementare und extrem wichtige Aufgaben in Ihrem Beruf. Sie sind die Grundlage, damit Eltern und Erzieherinnen dem Kind die bestmögliche individuelle Entwicklung bieten können und gehören zum täglichen Miteinander in der Kita. Elterngespräche helfen Ihnen von Anfang an, eine gute Beziehung herzustellen, unabhängig davon, ob sie geplant, aus einem bestimmten Anlass heraus oder zwischen Tür und Angel stattfinden.

Warum die Kommunikation nicht mit allen Eltern leicht ist

Sie kennen das sicherlich auch: Manchmal läuft ein Elterngespräch wie von allein und manchmal könnten Sie sich die Haare raufen. Aber woran liegt das?

Alle Eltern sind anders

Unabhängig davon, ob die Eltern einen akademischen Hintergrund haben oder eher bildungsfern sind, ob es kulturelle Unterschiede gibt, ob ein erhöhtes Informationsbedürfnis besteht oder nicht, ob die Eltern besorgt oder besserwisserisch sind, nett und zuvorkommend, kontrollierend oder kritisch nachfragend – alle Eltern haben ihre ganz eigene Lebensgeschichte und diese muss nicht zwingend mit Ihren Lebensvorstellungen übereinstimmen. Wichtig ist jedoch, dass Sie erkennen, welche Auswirkungen die Andersartigkeit auf die Kommunikation haben kann.

Gemeinsamkeiten erleichtern die Kommunikation

Gemeinsamkeiten sind ein wichtiger Aspekt für eine gelungene Eltern-Erzieher-Kommunikation. Überschneidungen in der Erfahrungs- und Gefühlswelt zwischen Ihnen und den Eltern sowie gemeinsame pädagogische Überzeugungen erleichtern das Miteinander in der Kommunikation.

Gibt es viele Streitpunkte und kaum Gemeinsamkeiten zwischen Ihnen und den Eltern, ist die Gefahr einer misslingenden Kommunikation eher gegeben. Missverständnisse oder gar Konflikte treten häufiger auf.

Wie können Sie es schaffen, wahrhaft interessiert und offen für das zu sein, was die Eltern als Lebensleistung mitbringen? Bei manchen Eltern gelingt Ihnen dies ganz von selbst und bei anderen Eltern fällt Ihnen das extrem schwer. Wichtig ist, dass Sie bei all Ihren Sympathien oder Antipathien das Wohl des Kindes im Blick haben und ein gutes Gespräch, einen Austausch und auch Diskussionen über pädagogische Belange möglich sind.

Von großer Bedeutung ist der gute Kontakt zu den Eltern, denn dieser ist die beste Grundlage für die Vermittlung von Tipps, Tricks und pädagogischen Inhalten. Denn letztlich dürfen die Eltern selbst entscheiden, was gut für ihr Kind ist.

In der Kita sind Sie die Expertin für Kommunikation und nicht die Eltern. In Ihrer Rolle sind Sie verantwortlich für die professionelle Kommunikation und dies bedeutet, mit den Eltern im Gespräch über ihr Kind zu bleiben, auch wenn es vielleicht unterschiedliche Ansichten über das Wohl des Kindes gibt.

Auf die Qualität kommt es an

Elterngespräche sollten die Basis einer guten Beziehung zu den Eltern und damit dem Kindeswohl dienlich sein. Die Qualität der Gespräche bildet den entscheidenden Unterschied: Mit einem konstruktiven Dialog, der geprägt ist von einem freundlichen Miteinander und gegenseitigem Respekt, haben Sie viel mehr Einfluss auf die Zusammenarbeit mit den Eltern. Wie schätzen Sie sich selbst ein: Sind Sie schon ein Kommunikationsprofi?

Wie kommunikationsstark sind Sie?

Der Selbsteinschätzungsbogen von S. 86 soll Ihnen helfen, Ihre kommunikativen Fähigkeiten selbstkritisch einzuordnen. Lesen Sie die Aussagen durch und kreuzen Sie möglichst spontan an, welche Kategorie für Sie am ehesten zutrifft.

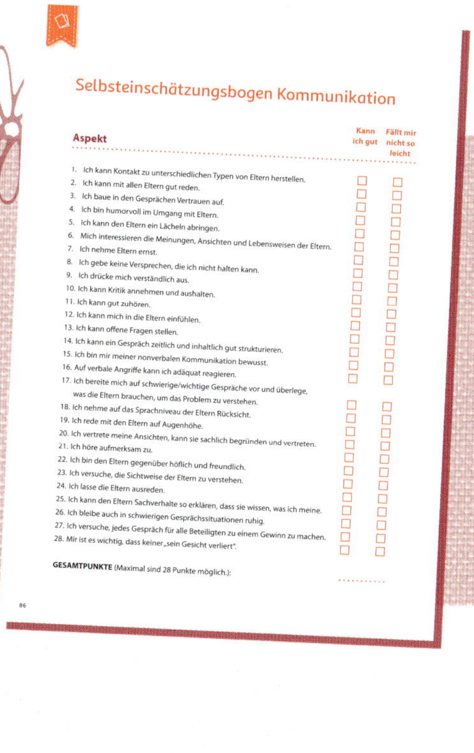

Selbsteinschätzungsbogen Kommunikation

Aspekt	Kann ich gut	Fällt mir nicht so leicht
1. Ich kann Kontakt zu unterschiedlichen Typen von Eltern herstellen.	☐	☐
2. Ich kann mit allen Eltern gut reden.	☐	☐
3. Ich baue in den Gesprächen Vertrauen auf.	☐	☐
4. Ich bin humorvoll im Umgang mit Eltern.	☐	☐
5. Ich kann den Eltern ein Lächeln abringen.	☐	☐
6. Mich interessieren die Meinungen, Ansichten und Lebensweisen der Eltern.	☐	☐
7. Ich nehme Eltern ernst.	☐	☐
8. Ich gebe keine Versprechen, die ich nicht halten kann.	☐	☐
9. Ich drücke mich verständlich aus.	☐	☐
10. Ich kann Kritik annehmen und aushalten.	☐	☐
11. Ich kann gut zuhören.	☐	☐
12. Ich kann mich in die Eltern einfühlen.	☐	☐
13. Ich kann offene Fragen stellen.	☐	☐
14. Ich kann ein Gespräch zeitlich und inhaltlich gut strukturieren.	☐	☐
15. Ich bin mir meiner nonverbalen Kommunikation bewusst.	☐	☐
16. Auf verbale Angriffe kann ich adäquat reagieren.	☐	☐
17. Ich bereite mich auf schwierige/wichtige Gespräche vor und überlege, was die Eltern brauchen, um das Problem zu verstehen.	☐	☐
18. Ich nehme auf das Sprachniveau der Eltern Rücksicht.	☐	☐
19. Ich rede mit den Eltern auf Augenhöhe.	☐	☐
20. Ich vertrete meine Ansichten, kann sie sachlich begründen und vertreten.	☐	☐
21. Ich höre aufmerksam zu.	☐	☐
22. Ich bin den Eltern gegenüber höflich und freundlich.	☐	☐
23. Ich versuche, die Sichtweise der Eltern zu verstehen.	☐	☐
24. Ich lasse die Eltern ausreden.	☐	☐
25. Ich kann den Eltern Sachverhalte so erklären, dass sie wissen, was ich meine.	☐	☐
26. Ich bleibe auch in schwierigen Gesprächssituationen ruhig.	☐	☐
27. Ich versuche, jedes Gespräch für alle Beteiligten zu einem Gewinn zu machen.	☐	☐
28. Mir ist es wichtig, dass keiner „sein Gesicht verliert".	☐	☐

GESAMTPUNKTE (Maximal sind 28 Punkte möglich.): ....

86

Innere Einstellung zu Eltern

Nervend oder nicht

Frau Heberle, eine erfahrene Kita-Leiterin, stellt unzufrieden fest: „Die letzte Elternbefragung zur Zufriedenheit mit der Kita und insbesondere zur Zusammenarbeit mit den Eltern war eine Katastrophe!" Sie berichtet ihrem Team, dass die Eltern sich z. B. nicht ernst genommen und willkommen fühlen, sondern eher als diejenigen, die stören. Auf Fragen bekämen sie manchmal keine richtigen Antworten, sondern würden mit „jaja" abgespeist.

Daraufhin entfacht in der Runde eine Diskussion zur Eltern-Kommunikation. Im Kern geht es immer wieder um die Fragen: *Wie reden wir mit den Eltern? Woran liegt es, dass die Kommunikation mit einigen Eltern besser klappt als mit anderen?*

Frau Heberle regt nach einiger Zeit an, dass jeder den eigenen Umgang mit den Eltern für sich in Ruhe reflektiert. *Wie sieht das eigene Bild von Eltern aus? Schenkt man jedem Elternteil gleich viel Aufmerksamkeit?* Das Ergebnis soll die Grundlage für eine zukünftig wertschätzende Kommunikation mit den Eltern sein.

Die innere Einstellung

Jetzt mal ehrlich

In Ihrer Rolle als Erzieherin sind Sie die Schnittstelle und Vermittlerin zwischen den Eltern und dem gesamten Kindergartenleben. Der erste Schritt, diese Schnittstelle gut zu meistern, ist die Auseinandersetzung mit Ihrer eigenen inneren Haltung.

Es geht hierbei um Ihre Werte, Moralvorstellungen, Einstellungen und Gefühle. Denn Ihre innere Haltung hat einen großen Einfluss darauf, wie Sie anderen Menschen begegnen und wie Sie mit ihnen kommunizieren, was Sie ihnen zutrauen, oder natürlich auch, was Sie von ihnen erwarten. Alle Eltern, ob sie nun ein forderndes ausgeprägtes Informationsbedürfnis haben, kritisch, besorgt oder unsicher, laut oder leise sind, verdienen im gleichen Maße Ihre vorurteilslose Aufmerksamkeit und Ihren Respekt.

Entwicklung einer positiven inneren Einstellung

Wie schaffen Sie es nun im täglichen Alltag, gegenüber den Eltern wahrhaft interessiert und offen zu sein und diese als Experten mit ihrem Wissen und Können, mit ihren Erfahrungen und ihrer Biografie anzuerkennen?

Wie offen sind Sie gegenüber Eltern?

Erste Antworten finden Sie anhand der Reflexionsfragen auf S. 88.

Nehmen Sie sich einige Minuten Zeit und beantworten Sie die Fragen. Im Anschluss werten Sie aus: Ist Ihnen das Ausfüllen leicht- oder schwergefallen? Wie sehen Ihre Antworten aus? Was engt Sie in Ihrem Gedankengerüst ein? An welchen Stellen merken Sie, dass Sie wahrhaft neugierig auf die Lebenswelt der Eltern mit ihren gelebten Wertvorstellungen sind? Vielleicht haben Sie aber auch festgestellt, dass Sie bei einigen Fragen doch nicht so offen sind, wie Sie sich das vielleicht wünschen würden? Ich möchte Sie einladen, diese Punkte immer wieder kritisch zu hinterfragen und zu reflektieren. Dies kann beispielsweise mit Kolleginnen, im Team oder in der Supervision geschehen.

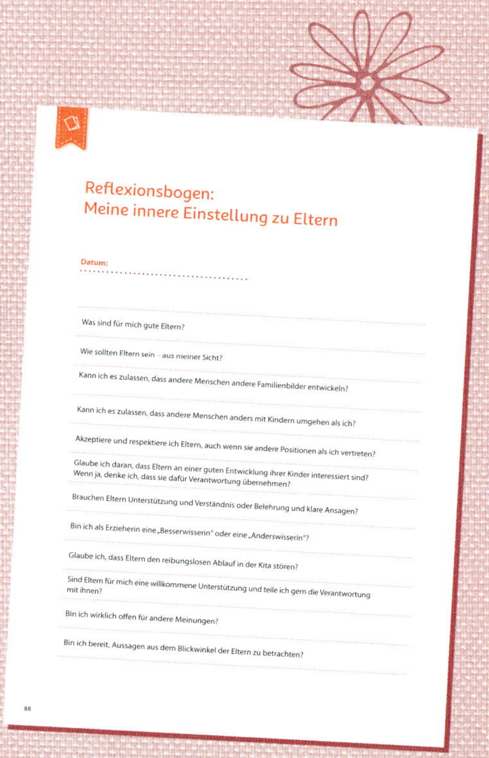
Reflexionsbogen:
Meine innere Einstellung zu Eltern

Datum:

Was sind für mich gute Eltern?

Wie sollten Eltern sein – aus meiner Sicht?

Kann ich es zulassen, dass andere Menschen andere Familienbilder entwickeln?

Kann ich es zulassen, dass andere Menschen anders mit Kindern umgehen als ich?

Akzeptiere und respektiere ich Eltern, auch wenn sie andere Positionen als ich vertreten?

Glaube ich daran, dass Eltern an einer guten Entwicklung ihrer Kinder interessiert sind? Wenn ja, denke ich, dass sie dafür Verantwortung übernehmen?

Brauchen Eltern Unterstützung und Verständnis oder Belehrung und klare Ansagen?

Bin ich als Erzieherin eine „Besserwisserin" oder eine „Anderswisserin"?

Glaube ich, dass Eltern den reibungslosen Ablauf in der Kita stören?

Sind Eltern für mich eine willkommene Unterstützung und teile ich gern die Verantwortung mit ihnen?

Bin ich wirklich offen für andere Meinungen?

Bin ich bereit, Aussagen aus dem Blickwinkel der Eltern zu betrachten?

88

Die dialogische Haltung

Die dialogische Haltung initiiert gemeinsam mit den Eltern einen Denkprozess, der zu neuen Sichtweisen führen kann und bewusst macht, wie das Denken durch Emotionen, Wünsche, Absichten oder auch Unterstellungen beeinflusst werden kann. Diese Haltung führt weg vom Rechthaben und vom Anspruch, Eltern pädagogisch überzeugen zu wollen, und hin zu einem gemeinsamen Austausch und Handeln.

Es geht um die Frage, wie ich mit meinem Gesprächspartner in Beziehung trete und dieses „Wie" äußert sich durch dialogische Prinzipien.

Merkmale einer dialogischen Haltung

- Ich nehme die Haltung eines Lernenden ein.
- Ich zeige radikalen Respekt (d. h., ich lasse mich auf mein Gegenüber ein und achte es in seinem Anderssein).
- Ich öffne mich für andere Ansichten und Überzeugungen.
- Ich spreche von Herzen und rede in der Ich-Form.
- Ich höre zu und will verstehen.
- Ich verlangsame den Dialog.
- Ich vermeide Annahmen und Bewertungen.
- Ich habe eine erkundende Haltung und stelle einfache und aufrichtige Fragen.

Was bedeutet das im Alltag?

Mit der **Haltung eines Lernenden** hinterfragen Sie Ihre eigenen Denk- und Verhaltensmuster und zeigen die Bereitschaft, sich auf Neues einzulassen. Kernstück eines Lernenden ist die Überzeugung, nicht besser zu sein als Eltern, sondern möglicherweise nur „anders".

Radikaler Respekt bedeutet, die Eltern als einzigartige Persönlichkeiten anzunehmen. Es ist ein schwierigeres Unterfangen, wenn Sie jetzt vielleicht denken: *Das soll ich tun, so wie die mich behandeln?* Oder: *Was soll das denn jetzt? Die gehen mit ihren Kindern so schlimm um, das kann ich nicht!* Natürlich gibt es auch Grenzen! Sie müssen handeln, wenn es um die Verletzung der gewaltfreien Erziehung in der Familie geht: „… Körperliche Bestrafungen, seelische Verletzungen und andere entwürdigende Maßnahmen sind unzulässig." (§ 1631, II BGB)

Dennoch heißt es, Eltern mit Respekt zu begegnen und ihre Beweggründe und Verhaltensweisen verstehen zu wollen. Mit dem radikalen Respekt drücken Sie mehr als Toleranz oder Empathie aus.

Eltern brauchen einen Gesprächspartner, der signalisiert, ihren Ansichten und Überzeugungen gegenüber offen zu sein. Hierzu benötigen Sie eine vorurteilsfreie Atmosphäre und Vertrauen, ohne die Vorahnung, negativ bewertet zu werden. Sich für andere **Ansichten und Überzeugungen zu öffnen** heißt, Sicherheit zu geben, unabhängig davon, was Eltern mitteilen, und ohne eine fertige Lösung präsentiert zu bekommen.

Zuhören und Verstehen zeigt dem anderen, dass er vorbehaltlos wahrgenommen wird, unabhängig davon, ob das Tempo des Sprechens schnell oder langsam ist oder das Gesagte als unwichtig zum Thema erachtet wird. Mit großer Offenheit wird dem Gesagten konzentriert gefolgt und darauf geachtet, dass sich die eigenen Gedanken nicht verselbstständigen und ein Desinteresse durch Mimik und Gestik entsteht. Zuhören und Verstehen lässt Gespräche zu, die Sie unter anderen Umständen eher abgelehnt und abgewehrt hätten.

Vorurteile prägen das Verhältnis und die Beziehung zu anderen Menschen. Eine dialogische Haltung erfordert die Auseinandersetzung mit den eigenen Vorurteilen. Gespräche erfordern einen „unverbrauchten" Blick, der nicht durch Vorurteile und Voreingenommenheit verfälscht ist. Versuchen Sie sich von Annahmen und Bewertungen zu lösen.

Die dialogische Haltung klappt nicht von heute auf morgen

Die dialogische Haltung ist ein lebendiger und offener Prozess, mit dem Sie mit anderen Menschen leichter in Beziehung treten können. Es wird Ihnen logischerweise nicht sofort und auch nicht immer gelingen, alle Merkmale der dialogischen Haltung umzusetzen. Das ist nicht schlimm! Routinen, Muster, Gewohnheiten, Vorerfahrungen oder Vorurteile behindern häufig den Dialog. Aber ein Start zu einer inneren dialogischen Haltung ist niemals zu spät. Probieren Sie diese immer mal wieder Schritt für Schritt aus und werden Sie durch wiederholtes Üben besser darin. Gerade in der Anfangsphase ist es hilfreich, wenn Sie sich auf die dialogische Haltung vorbereiten.

Tipp: Stimmen Sie sich mit einer kleinen Übung auf Ihr nächstes Elterngespräch ein. Dabei unternehmen Sie eine Reise zu Ihrer inneren Haltung. Durch die Übung kommen Sie schneller vor dem nächsten Gespräch in die dialogische Haltung.

Übung: Die Reise zu Ihrer neuen inneren Haltung

Nehmen Sie sich Zeit und ein wenig Ruhe – dies kann zu Hause auf dem Sofa, in Ihrem Lieblingssessel, draußen auf der grünen Wiese oder entspannt in einem Café sein.

Schließen Sie Ihre Augen und erinnern Sie sich an eine beliebige Gesprächssituation. Diese muss kein Elterngespräch gewesen sein – es geht auch das Gespräch mit der Nachbarin, einer guten Freundin, dem Pfarrer oder jemand anderem.

In Ihrer vorgestellten Gesprächssituation hatten Sie einen wirklich guten Kontakt zu Ihrem Gesprächspartner und das Gefühl, über alle Dinge vorurteilsfrei und offen reden zu können. Wenn Sie eine solche Gesprächssituation vor Augen haben, überlegen Sie einmal ganz genau, was in dieser Situation passiert ist. Wie haben Sie sich in dieser Situation gefühlt? Vielleicht können Sie sich noch daran erinnern, was Sie gehört haben, ob Sie etwas gerochen oder geschmeckt oder etwas Besonderes gesehen haben, und wie Ihr Körpergefühl war?

Nehmen Sie sich etwas Zeit und fühlen Sie sich ganz genau in diese Situation ein. Wahrscheinlich gelingt es Ihnen so, das gute Gefühl, das Sie in dieser Situation hatten, wieder aufleben zu lassen.
Wenn Sie möchten, überlegen Sie sich eine Geste, die Sie an diese Situation und das damit verbundene positive Gefühl erinnert. Es kann beispielsweise sein, dass Sie hierzu Ihre Hand auf Ihren Bauch legen oder die Füße fest auf den Boden pressen oder sich am Ohrläppchen reiben.

Verknüpfen Sie Ihr positives Bild mit dieser Geste, sodass Sie sich nun innerhalb weniger Sekunden wieder in die positive Situation hineinversetzen können.

Entschleunigung im Gespräch

In der dialogischen Haltung ist es wichtig, sich im Gespräch Zeit zum Nachdenken und zum Durchdenken zu nehmen. Drosseln Sie das Gesprächstempo, das gibt Ihnen die Möglichkeit zum Durchatmen, Nachfragen und Nachspüren. Gerade in der heutigen Zeit, in der alles schnell gehen muss, ist das gar nicht so einfach.

Tipps zum Entschleunigen

Ein Elterngespräch braucht Zeit: Schaffen Sie sich ausreichend freie Zeit, in der Sie nicht oder nur im Notfall gestört werden.

Erinnern Sie sich an für Sie wichtige Gesprächsregeln wie nacheinander und nicht gleichzeitig sprechen, interessiertes Nachfragen.

Machen Sie sich vor dem Gespräch ein paar Notizen, was Sie ansprechen möchten.

Genießen Sie das Zuhören und lächeln Sie. Lächeln entspannt Sie und Ihr Gegenüber.

Bieten Sie ein Getränk an – damit schaffen Sie eine positive Gesprächsatmosphäre.

Bedanken Sie sich am Ende des Gesprächs für das Kommen und das konstruktive Gespräch. Finden Sie auf jeden Fall ein paar positive Worte für das Kind. („Danke, dass Sie heute Zeit für das Gespräch hatten. Ich habe viele Informationen erhalten und freue mich schon auf das nächste Gespräch. Und bevor ich es vergesse, Anton hat sich richtig toll in der Gruppe eingelebt und ist sehr beliebt.“)

Starten Sie mit leichtem Small Talk. („Wie war der Weg in die Kita?“ „Wie war es im Urlaub?“ „Was haben Sie am Wochenende Schönes gemacht?“)

Knüpfen Sie an vorherige Gesprächsthemen oder Ereignisse an. („Immer wenn ich Sie sehe, muss ich an den leckeren Kuchen denken, den Sie an Antons Geburtstag mitgebracht haben.“ „Geht es Ihrer kranken Mutter besser?“ „Hat es geklappt mit dem Vorstellungsgespräch?“)

Nehmen Sie Kontakt mit Ihrem Gegenüber auf. („Wie geht es Ihnen gerade?“)

Umgang mit eigenen Gefühlen und Stress

Ihre innere Haltung ist auch durch Ihre Gefühlswelt beeinflusst. Egal, wie gut Sie in Ihrem Job als Erzieherin sind – es ist ein herausfordernder Beruf, der viel Energie, Kraft, Einsatz und Engagement erfordert. Deshalb ist es besonders wichtig, dass Sie auf sich achten und Ihre Ressourcen im Blick behalten.

Damit Sie nicht das Opfer Ihrer eigenen Stressfallen und Ihres Engagements werden, sollte Ihnen bewusst sein, wann es Zeit ist, wieder neue Energie aufzutanken. Ich empfehle Ihnen die bewusste tägliche Anwendung und Pflege von einem oder mehreren Ritualen.

Rituale, die Freude machen

- Stimmen Sie sich mit einer bestimmten Lieblingsmusik auf den Tag ein: laut hören und mitsingen.
- Überlegen Sie sich schon morgens, auf welche positiven Dinge Sie sich heute freuen.
- Nutzen Sie die Pause, um einmal aus der Kita heraus und um den Block zu gehen.
- Lassen Sie bewusst den Blick einmal am Tag in die Ferne schweifen und denken Sie an den letzten schönen Urlaub.Sprechen Sie in der Mittagspause bewusst nicht über den Job!
- Wenn Sie ein „Yogi" sind: Rollen Sie in der Pause die Yogamatte aus und führen Sie ein paar Mal den „Sonnengruß" durch.
- Lüften Sie! Öffnen Sie zwischendurch alle Fenster und lassen Sie frische Energie in den Raum. Atmen Sie am Fenster 3-mal tief ein und aus.
- Beschließen Sie ganz bewusst, alle erlebten Dinge des Tages in der Kita zu lassen und kein Problem mit nach Hause zu nehmen.

Was tun Sie gegen Stress?

Nutzen Sie die Checkliste von S. 89 und überprüfen Sie den Status Ihrer eigenen Interventionsmöglichkeiten zur Stressreduktion, sowohl im beruflichen als auch im privaten Kontext.

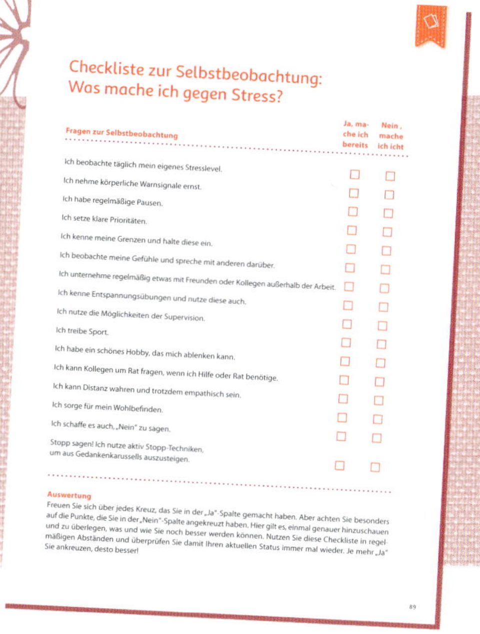

Checkliste zur Selbstbeobachtung:
Was mache ich gegen Stress?

Fragen zur Selbstbeobachtung	Ja, mache ich bereits	Nein , mache ich icht
Ich beobachte täglich mein eigenes Stresslevel.	☐	☐
Ich nehme körperliche Warnsignale ernst.	☐	☐
Ich habe regelmäßige Pausen.	☐	☐
Ich setze klare Prioritäten.	☐	☐
Ich kenne meine Grenzen und halte diese ein.	☐	☐
Ich beobachte meine Gefühle und spreche mit anderen darüber.	☐	☐
Ich unternehme regelmäßig etwas mit Freunden oder Kollegen außerhalb der Arbeit.	☐	☐
Ich kenne Entspannungsübungen und nutze diese auch.	☐	☐
Ich nutze die Möglichkeiten der Supervision.	☐	☐
Ich treibe Sport.	☐	☐
Ich habe ein schönes Hobby, das mich ablenken kann.	☐	☐
Ich kann Kollegen um Rat fragen, wenn ich Hilfe oder Rat benötige.	☐	☐
Ich kann Distanz wahren und trotzdem empathisch sein.	☐	☐
Ich sorge für mein Wohlbefinden.	☐	☐
Ich schaffe es auch, „Nein" zu sagen.	☐	☐
Stopp sagen! Ich nutze aktiv Stopp-Techniken, um aus Gedankenkarussells auszusteigen.	☐	☐

Auswertung
Freuen Sie sich über jedes Kreuz, das Sie in der „Ja"-Spalte gemacht haben. Aber achten Sie besonders auf die Punkte, die Sie in der „Nein"-Spalte angekreuzt haben. Hier gilt es, einmal genauer hinzuschauen und zu überlegen, was und wie Sie noch besser werden können. Nutzen Sie diese Checkliste in regelmäßigen Abständen und überprüfen Sie damit Ihren aktuellen Status immer mal wieder. Je mehr „Ja" Sie ankreuzen, desto besser!

89

1.1

3

Einmaleins der Gesprächsführung

Über das Reden und Zuhören

Frau Merz wartet ungeduldig auf Pauls Eltern, die zu spät zum Elterngespräch erscheinen. Als es dann doch an der Tür klopft, platzt es aus Frau Merz heraus: „Ich dachte, Sie kommen gar nicht mehr!" Sie beginnt dann das Gespräch und fragt die Eltern, was sie für einen Eindruck haben, wie es Paul in der Gruppe geht. Die Mutter antwortet und schweift aus. Frau Merz kann gar nicht mehr richtig zuhören, da sie mit den Eltern etwas Wichtiges zu besprechen hat. Sie hat sich Stichworte zu Paul notiert, die sie unbedingt mitteilen will, und jetzt kommt sie gar nicht zu Wort!

Als die Mutter Luft holt, nutzt Frau Merz die kurze Pause und sagt schnell: „Also, was mir in letzter Zeit aufgefallen ist: Paul ist total aggressiv! Ständig stört er in der Gruppe, indem er sich mit den anderen Jungs hauen will, und flippt bei jeder Gelegenheit aus, wenn er nicht seinen Willen bekommt. Das ist wahnsinnig anstrengend mit ihm …" Frau Merz schaut auf ihre Notizen und will gerade weiterreden, als sie die betretende Stille der Eltern bemerkt.

Grundlagen der Gesprächsführung

Mit 4 Ohren hören

Was ist eigentlich Kommunikation?

„Als Kommunikation bezeichnen wir das Übermitteln von Informationen zwischen einem Sender und einem Empfänger. Kommunikation ist somit ein wechselseitiger Austausch und das gemeinsame Verfertigen von Ideen und Gedanken in Sprache, Gestik, Mimik, Schrift oder Bild. Kommunikation zwischen Menschen hat die Ziele, aufmerksam zu machen, Informationen und Wissen zu vermitteln sowie Partnerschaften und Beziehungen zu begründen." (Mienert; Vorholz, 2007)

Doch Kommunikation ist manchmal auch schwierig, es kann zu Störungen zwischen Sender und Empfänger kommen. Dann fragt man sich: *Wie kann es sein, dass es Verständigungsprobleme gibt, wenn ich meiner Meinung nach ganz klar gesagt habe, was ich meine oder will? Und bei meinem Gegenüber ist offensichtlich etwas ganz anderes angekommen.*

Nach dem Kommunikationsmodell von Schulz von Thun (1981) sind Gespräche und deren Inhalte nie ganz eindeutig. Denn in ein und derselben Nachricht können vier ganz unterschiedliche Aspekte transportiert werden:

1. **Sachaspekt:** Worum geht es?
2. **Selbstaussage:** Welche Informationen gebe ich durch die Nachricht über mich preis?
3. **Beziehungsaspekt:** Wie stehe ich zu meinem Gegenüber/Gesprächspartner?
4. **Appell:** Was möchte ich erreichen?

Beispiel: Frau Berthold hat Lisas Mutter, Frau Kämmerer, beim Abholen ihrer Tochter Lisa angesprochen: „Frau Kämmerer, es hängt eine Liste am Infobrett für das Sommerfest. Tragen Sie sich bitte noch ein?"

1. **Sachaspekt (Worum geht es?)**

   Am Infobrett hängt eine Liste für das Sommerfest. Auf dieser Liste sollen die Eltern eintragen, was sie mitbringen.

2. **Selbstaussage (Welche Informationen gebe ich durch die Nachricht über mich preis?)**

   Ich bin in Sorge, dass die Unterstützung seitens der Eltern nicht ausreicht und wir zu wenig Essen und Trinken auf dem Sommerfest haben. Wenn das so ist, müssen wir Erzieherinnen diesen Part auch noch übernehmen.

3. **Beziehungsaspekt (Wie stehe ich zu meinem Gegenüber/Gesprächspartner?)**

   Auch wenn es nicht klar aus dem Beispiel hervorgeht, wären folgende Interpretationen möglich: Ich finde, Frau Kämmerer ist faul und ich kann sie nicht ausstehen. Sie ist vergesslich. Sie hat viel um die Ohren, ist aber trotzdem ganz nett. usw. Natürlich sind hier ebenso Kombinationen möglich.

4. **Appell (Was möchte ich erreichen?)**

   Frau Kämmerer soll sich in die Liste eintragen und etwas zum Sommerfest mitbringen.

4 Ohren hören

Wenn der Sender – bildhaft gesprochen – mit 4 Mündern eine Nachricht sendet, wird der Empfänger diese entsprechend mit 4 Ohren aufnehmen und interpretieren. Schauen wir uns gemeinsam an, was Lisas Mutter gehört haben könnte:

Sachohr (Worum geht es?):
Es geht um das Sommerfest. Alle Eltern, also auch ich, sollen etwas mitbringen. So etwas muss geplant werden, daher die Liste.

Selbstoffenbarungsohr (Was sagt mir der Sender über sich?):
Frau Berthold ist sehr gewissenhaft und kümmert sich immer gern um das Wohl aller.

Beziehungsohr (Wie stehe ich zu meinem Gegenüber/Gesprächspartner?):
Vielleicht mag Frau Berthold mich nicht, weil ich hin und wieder mal etwas vergesse oder ihre Listen nicht sehe.

Appellohr (Was möchte mein Gegenüber erreichen?):
Ich soll mich jetzt verbindlich in die Liste eintragen.

Es gibt vier Ebenen und Lisas Mutter hat die Möglichkeit, auf allen vier Ebenen zu hören, um zu entscheiden, was sie verstanden hat. Ob sie die Information tatsächlich auf dem Ohr aufnimmt, an das es der Sender gesendet hat, wird nicht deutlich.

Lieblingsohr

Im Laufe unserer Lebensgeschichte entwickeln wir bestimmte „Lieblingsohren" heraus. Haben Sie auch eines? Überprüfen Sie immer wieder, mit welchem Ohr Sie bevorzugt die Botschaften der Eltern hören.

Das 4-Ohren-Modell bietet Ihnen die Möglichkeit, jederzeit Ihr Kommunikationsmuster zu hinterfragen:

- Auf welchem Ohr nehmen Sie Elternaussagen am meisten wahr?
- Bei welchen Eltern fühlen Sie sich schnell(er) angegriffen? Gibt es Unterschiede zu anderen Eltern?
- Was wurde wirklich (wörtlich) gesagt und was ist bei Ihnen angekommen? Wie haben Sie es interpretiert?
- Wie eindeutig und klar formulieren Sie?

So lassen sich Missverständnisse und Konflikte eher vermeiden.

Ich-Botschaften sind wichtig

Wie oft sagen und hören wir:

„Man müsste mal …" „Jeder sollte das tun ..." „Alle können das …" Mit solchen Botschaften senden Sie ganz unverbindliche Informationen. Sie sind neutral und verpflichten zu nichts und Sie legen sich auch nicht mit Ihrer Meinung oder Ihrem Standpunkt fest.

Ebenso sind die sogenannten „Du-/Sie-Botschaften" keine geeignete Technik, da diese eher konfrontativ ausgelegt sind:

- „Dann müssen Sie sich mal mehr Zeit für Ihr Kind nehmen."
- „Sie sind rechthaberisch!"
- „Sie lassen mich nie ausreden!"
- „Sie sollen Isa nicht so viele Süßigkeiten geben, wir essen hier gesund in der Kita!"

Du-/Sie-Botschaften verursachen häufig Schuldgefühle. Sie bringen Eltern damit eher in den Widerstand, in eine Verteidigungsposition oder veranlassen sie zu einem aggressiven Gegenangriff.

In Elterngesprächen ist es wichtig, dass Sie eindeutig sind. Diese Klarheit erreichen Sie durch Ich-Botschaften, die Ihre Gedanken, Gefühle und Gesprächsziele wiedergeben, ohne zu werten und zu bewerten.

Senden Sie Ich-Botschaften

Ich-Botschaften sorgen für eine offene Gesprächsgrundlage. Wenn Sie in der Ich-Form reden, erhalten Sie mehr Klarheit für sich und Ihr Gegenüber. Eigene Gefühlsäußerungen werden in der Regel von anderen nicht als verletzende Kritik verstanden.

Ich-Botschaften greifen nicht an, sondern regen den Gesprächspartner dazu an, sich Gedanken über Ihre Gefühlsäußerung zu machen und Stellung zu beziehen. Das kann besonders in ungeklärten oder Problemsituationen hilfreich sein.

Übung: Beobachten Sie sich selbst

Ertappen Sie sich häufig dabei, dass Sie von „man" sprechen? Verwenden Sie bewusst die Ich-Form, wenn Sie Ihre Meinung kundtun.

Fragen richtig stellen

Vielleicht kennen Sie das: Bei einem schwierigen Elterngespräch haben Sie ununterbrochen gesprochen. Nicht, dass Sie nichts Kluges gesagt hätten! Und doch fiel Ihnen nach dem Gespräch auf, dass die Eltern kaum etwas geredet haben. Die Eltern waren sehr freundlich gewesen, aber Sie selbst haben durch das Gespräch gar keine neuen Informationen bekommen.

Der Sesamstraßensong beschreibt es treffend:

Fragen sind etwas Wunderbares. Hier finden Sie einige Gründe, warum das so ist.

Fragen ...

- können ein Gespräch initiieren.
- regen zum Nachdenken an.
- können Ihnen Zeit zum Nachdenken verschaffen.
- können für Klarheit sorgen.
- können ein Gespräch steuern.
- zeigen dem Gesprächspartner, dass Sie interessiert sind.
- können Widerstände abbauen.
- können zu Lösungen und Entscheidungen führen.
- können zur Klärung beitragen.

Und darüber hinaus können Sie mit Fragen Gefühle, Stimmungen, Bedürfnisse, Einwände, Absichten, Motive und Vorwände erfragen, entdecken und erforschen, die nicht auf den ersten Blick sichtbar sind, Ihnen aber zwischen den Zeilen auffallen.

Fragen sind Türöffner

Sie kennen die typischen W-Fragen: *Was ist passiert? Wie haben Sie das erlebt? Wie stellt sich das Problem aus Ihrer Sicht dar? Welche Möglichkeiten wären denkbar? Wann ist das passiert? Wie ist es passiert? Woran erkennen Sie …? Wann ist das Verhalten aufgetreten? Wie sieht Ihr Tagesablauf aus? Wo sehen Sie das Hauptproblem?*

Solche W-Fragen nennt man auch offene Fragen. Mit offenen Fragen neigen Eltern dazu, nicht nur einsilbig zu antworten, sondern ausführlichere und durchaus konkrete Antworten zu geben.

Offene Fragen regen zum Nachdenken, Mitdenken und Sprechen an und stärken so automatisch die Beziehung zwischen Ihnen und den Eltern.

Stellen Sie nur die offenen Fragen, die für das Gespräch mit den Eltern einen Informationsgewinn darstellen. Ansonsten könnte Ihr Gegenüber Ihre vielen Fragen als bloßes Ausfragen oder als Verhör empfinden und eher einsilbig reagieren oder Ihnen die Antworten verwehren.

Achtung: Vermeiden Sie Wieso-, Weshalb-, Warum-Fragen. Diese bringen Eltern in eine Rechtfertigungs- und Verteidigungsposition.

Ja- und Nein-Fragen

„Ja“ oder „Nein“ – Solche geschlossenen Fragen sind immer dann hilfreich, wenn es darum geht, einen Sachverhalt kurz und knapp festzustellen oder für eine bestimmte Fragestellung eine Entscheidung zu treffen.

Sie können geschlossene Fragen auch als Gesprächsabkürzer einsetzen, beispielsweise bei einem Tür-und-Angel-Gespräch. Hier kann eine geschlossene Frage sehr hilfreich sein, um die Situation abzukürzen oder zu unterbrechen.

„Frau Müller, können wir darüber heute Nachmittag beim Abholen sprechen?“ Bei einem „Nein“ als Antwort könnten Sie erwidern:

„Frau Müller, es tut mir leid, aber gerade habe ich keine Zeit für ein längeres Gespräch. Ich schlage Ihnen heute Nachmittag einen Termin vor.“
Geschlossene Fragen helfen Ihnen zudem dabei, eine Verbindlichkeit herzustellen.

„Irene, schau mal, ist die Spange von Mathilde hinter dem Bauhaus?“

Wenn Sie eine schnelle klare Anweisung geben oder eine schnelle Information gefordert ist, sollten Sie geschlossene Fragen einsetzen!

Ressourcenorientierte Fragen

Sogenannte ressourcenorientierte Fragen betonen Stärken und Fähigkeiten. Sie sind Ihre Chance, Eltern mithilfe der Fragen auf einen lösungsorientierten Weg zu bringen.

Durch eine ressourcenorientierte Fragestellung ermöglichen Sie den Eltern, ihre Perspektive zu ändern und neue Handlungsstrategien zu entwickeln.

Es macht einen deutlichen Unterschied, wie Sie fragen!

Problemorientiertes Fragen: „Was, denken Sie, ist das Problem, dass Greta sich nicht von Ihnen lösen kann und jedes Mal einen Tobsuchtsanfall bekommt, wenn Sie gehen?"

Ressourcenorientiertes Fragen: „Was könnten Sie tun, damit Greta sich gut von Ihnen verabschieden kann?" Oder alternativ: „Was können wir tun, damit Greta sich gut von Ihnen verabschieden kann?"

Mit ressourcenorientierten Fragen helfen Sie den Eltern zu erkennen, dass sie über Ressourcen verfügen und jene teilweise auch schon nutzen. Dieses bietet Ihnen automatisch eine Anknüpfung im Elterngespräch für ein „Elternlob" und den weiteren Ausbau der Ressourcennutzung durch die Eltern.

Hier einige Beispiele für ressourcenorientierte Fragen:

- „Was gelingt Ihnen schon gut?"
- „Woran erkennen Sie das?"
- „Wie machen Sie das, dass es bei Ihnen schon so gut klappt?"
- „Welche positiven Aspekte liegen in den Schwierigkeiten?"
- „Worin sehen Sie die Stärken von Marie?"
- „Was oder wer kann Ihnen in dieser Situation behilflich sein?"

Konkretisierende Fragen

Konkretisierende Fragen helfen Ihnen, Informationen nachvollziehbar und verstehbarer zu machen.

Um eine Verallgemeinerung zu konkretisieren, könnten Sie z.B. die Eltern fragen: „Was heißt in diesem Fall das Wort ‚immer'? Heißt es ständig oder häufiger oder ist es an drei Spielnachmittagen zweimal vorgekommen?"

Sie werden feststellen, dass die Eltern durch Ihre Rückfragen erkennen, dass ihre Formulierung ungenau und verallgemeinernd ist.

Durch Ihre Nachfrage geben Sie den Eltern die Chance, ihre Verallgemeinerung selbst noch einmal kritisch zu hinterfragen und sich und Ihnen als Erzieherin ein viel besseres Bild der Situation zu ermöglichen.

Keine Suggestivfragen!

In Kontakt mit den Eltern zu sein bedeutet, sie nicht von Ihrem eigenen Denken oder von Ihrer pädagogischen Meinung überzeugen zu wollen. Für Sie heißt das, dass Sie keine Fragen stellen, bei denen die Eltern das Gefühl haben, nur eine einzige Antwort geben zu können, um nicht als „Rabeneltern" dazustehen. Solche Fragen werden Suggestivfragen genannt, da sie die Antwort schon beinhalten.

Einige Beispiele für Suggestivfragen:

- „Sie sind doch auch der Meinung, dass Greta endlich mal zum Zahnarzt gehen sollte, oder etwa nicht?"
- „Bringen Sie Ihr Kind, genau wie jede andere gute Mutter, auch immer rechtzeitig zum Zahnarzt?"
- „Sie werden es doch nicht zulassen, dass Greta irgendwann ganz schwarze Zähne im Mund hat, oder?"
- „Sie fänden es doch bestimmt auch toll, wenn Greta schöne weiße Zähne und ein strahlendes Lächeln hat, oder?"

Wie Sie bestimmt schon gemerkt haben, sind diese Art von Fragen nicht förderlich für das Gespräch mit den Eltern.

Mit Suggestivfragen wird versucht, das Gespräch in eine bestimmte Richtung zu lenken. Mit dem Nachteil, dass dies häufig für die Gegenseite mit einem unguten Gefühl verbunden ist. Daher: Vermeiden Sie Suggestivfragen!

Zusammenfassung

Ist es Ihr Ziel, Informationen zu gewinnen und einen Überblick zu erhalten: Verwenden Sie offene **Fragen/„W"-Fragewörter**.

Vermeiden Sie aber Fragen nach dem Warum, Weshalb, Wieso.

Stellen Sie **konkretisierende Fragen**, wenn Sie etwas genauer wissen wollen. „Was genau meinen Sie damit?"

Stellen Sie **Ja-/Nein-Fragen**, um Entscheidungen zu treffen und eine Verbindlichkeit herzustellen. Auch als Gesprächsverkürzer sind geschlossene Fragen einsetzbar.

Ressourcenfragen betonen Stärken und Fähigkeiten der Beteiligten und unterstreichen was schon gut gelingt.

Aktives Zuhören

Durch aktives Zuhören können Sie das Gespräch steuern und Ihr Gegenüber zum Weiterreden und Reflektieren anregen. Schaffen Sie so die Basis für ein offenes und zugewandtes Gespräch in einer Atmosphäre des Vertrauens und der Verbundenheit.

Weniger sagen ist mehr!

Es mag anfangs befremdlich sein, aber als aktiv Zuhörende gehen Sie zurückhaltend mit Ihrer Meinung und Ihrem Redebeitrag um und lassen die Eltern mehr sprechen.

Offen in der Körperhaltung

Konzentrieren Sie sich komplett auf das, was Ihnen die Eltern mitteilen. Wenden Sie sich diesen in einer interessierten Körperhaltung zu.

Paraphrasieren

Paraphrasieren ist das kurze sinngemäße Wiederholen von Mitteilungen mit eigenen Worten. Es hilft, Missverständnisse zu vermeiden. Wiederholen Sie dabei das Gesagte mit Ihren Worten, am besten in einer Frageform, wie z. B.: „Habe ich es richtig verstanden, dass Sie es nicht gut finden, wenn Jonathan in der Puppenecke mit den Mädchen spielt?“

Durch das konkrete Nachfragen erreichen Sie, dass Ihr Gegenüber Stellung beziehen kann und Korrekturen oder Ergänzungen des Gesagten möglich sind. Sie können durch das Paraphrasieren Ihre Aufmerksamkeit gegenüber Ihrem Gesprächspartner intensivieren, wenn Sie auf emotionale, versteckte Botschaften wie beispielsweise auf die Stimmung Ihres Gesprächspartners eingehen wollen, die Sie durch Tonfall, Sprechweise und Sprechtempo, Gestik und Mimik wahrnehmen.

Um Ihre Wahrnehmung auszudrücken, die ebenfalls korrigierbar ist, können Sie sagen: „Ich habe den Eindruck, Sie fühlen sich gerade nicht wohl bei dem Gedanken, dass Jonathan gern mit Puppen spielt. Ist das so?“ Oder: „Ich habe gerade das Gefühl, dass Sie irritiert sind, dass Jonathan gern mit Puppen spielt. Liege ich da richtig?“

Konzentration

Konzentrieren Sie sich ganz auf die Eltern, mit denen Sie gerade sprechen. Haben Sie Geduld und lassen Sie Ihr Gegenüber ausreden.

Anteilnahme

Nehmen Sie Anteil an dem, was die Eltern Ihnen im Gespräch sagen.

Einfühlungsvermögen

Versetzen Sie sich innerlich in die Situation Ihres Gesprächspartners.

Unvoreingenommenheit

Seien Sie unvoreingenommen. Bewerten Sie nicht, seien Sie vorurteilsfrei und ergreifen Sie keine Partei.

Fragen stellen

Fragen Sie bei Unklarheiten nach.

Formulierungshilfen für das Nachfragen, Wiederholen mit eigenen Worten, Bestätigen und Zusammenfassen:

- „Aus Ihrer Erzählung entnehme ich, dass …“
- „Aus Ihrem Bericht höre ich heraus, dass …“ „Stimmt das?“ „Stimmen Sie mir zu?“
- „Ich kann gut nachvollziehen, dass Sie …“
- „Was haben Sie beobachtet/gesehen/gefühlt/gehört?“
- „So wie ich es verstanden habe, meinen Sie … Ist das korrekt?“
- „Zusammenfassend kann ich also sagen, dass …“
- „Damit ich mir ein Gesamtbild machen kann, möchte ich gern noch wissen, …“
- „Für Sie ist es also besonders wichtig, dass …“
- „Können Sie mir genauer beschreiben, wie das ist, wenn …?“
- „Können Sie die Situation konkretisieren?“
- „Erinnern Sie sich an weitere Situationen?“
- „Bitte beschreiben Sie die Situation so genau wie möglich.“

Formulierungshilfen für das Ansprechen von Gefühlen:

- „Sie klingen so, als ob …"
- „Fühlen Sie sich verunsichert/übergangen/herabgesetzt?"
- „Ich vermute, Sie sind nun erleichtert/froh?"
- „Ich habe den Eindruck, dass Sie unzufrieden sind. Ist das so?"
- „Wie haben Sie die Situation empfunden?" „Wie geht es Ihnen mit der Situation?"
- „Kann es sein, dass Sie das, worüber wir gerade sprechen, sehr traurig/wütend/ängstlich macht?"
- „Ich sehe, Sie sind sehr unruhig, Sie reiben sich die Hände."
- „Es kommt mir so vor, als haben Sie gerade ein ungutes Gefühl, wenn ...?"

Pausen einplanen

Da Sie während des Gesprächs mit Ihrer ganzen Aufmerksamkeit bei den Eltern sind, sich aktiv mit dem Gehörten auseinandersetzen und Rückmeldungen geben, soll nicht verschwiegen werden, dass diese Form der Gesprächsführung anstrengend ist! Denken Sie daran, dass die Konzentrationsspanne in der Regel bei ca. 45 Minuten liegt. Sorgen Sie daher für eine Pause zwischen Ihren Gesprächen.

Aktives Zuhören – das Wichtigste auf einen Blick

Verbale Techniken und Methoden

Paraphrasieren
Die Aussage wird mit eigenen Worten wiederholt.

Spiegeln
Die Gefühle des Gegenübers werden gespiegelt, Beispiel: „Sie ärgern sich gerade. Ist das richtig?“

Nachfragen
Beispiel: „Und, nachdem Sie mit Tom gebastelt haben, hat er grundlos angefangen zu weinen?“

Weiterführen
Beispiel: „Und dann? Was passierte dann?“

Zusammenfassen
Das Gehörte wird mit wenigen Worten (kurz) zusammengefasst.

Unklares klären
Beispiel: „Sie haben gesagt, dass Tom ausgerastet ist. Was hat er konkret getan?“

Bestätigungslaute
Beispiel: „ah“, „hm“, „ach so“, „aha“, „oje“

Non verbale Techniken und Methoden

- Augenkontakt, Blickkontakt
- Zugewandte Körperhaltung (Hinwendung des Oberkörpers und des Kopfes)
- Lächeln
- Mimik (interessierter Gesichtsausdruck, erstaunter Blick …)
- Gestik (bejahendes Nicken …)
- Offene Körperhaltung auch mit den Händen (keine verschränkten Arme, die eher eine Abwehrhaltung vermuten lassen würden)

5 Phasen eines Gesprächs

Warum Small Talk so wichtig ist

Es ist Montagnachmittag, die Eltern von Lea kommen – wie vereinbart – zum Elterngespräch. Frau Berthold öffnet Frau und Herrn Adler die Tür und sagt: „Wie schön, dass es mit dem Termin geklappt hat. Hatten Sie eine gute Anfahrt oder war bei Ihnen die Baustellenampel am Ortsausgang auch so lange auf Rot?"

Währenddessen gehen die drei zu dem für das Gespräch reservierten Besprechungsraum. Frau Berthold erzählt auf dem Weg noch etwas zu den neuen Kinderbildern an der Wand. Die Stimmung ist locker und gelöst.

Die 5 Phasen eines Gesprächs

Eine runde Sache

Gespräche verlaufen in der Regel nach einem Muster. Dieses Muster können Sie sich zunutze machen und jede Phase planen. Die Strukturierung eines Elterngesprächs gibt Ihnen die Sicherheit, nichts zu vergessen, und den Eltern das Gefühl, dass das Gespräch in sich „rund" ist.

Lassen Sie uns einmal die Phasen eines Gesprächs genauer betrachten, damit Sie die Chancen und Möglichkeiten in jeder einzelnen Phase maximal für sich nutzen können.

Gespräche lassen sich in der Regel in folgende 5 Phasen unterteilen:

1. Kontaktaufnahme/Gesprächseröffnungsphase
2. Zielklärungsphase/roter Faden
3. Analysephase
4. Beschlussphase
5. Abschlussphase

Phase 1: Kontaktaufnahme oder Gesprächseröffnung

Mit einer positiven Gesprächseröffnung schaffen Sie ein angenehmes und offenes Gesprächsklima. Dadurch fühlen sich die Eltern willkommen, angenommen und respektiert und haben nicht das Gefühl, auf der Anklagebank zu sitzen.

Begrüßen Sie die Eltern freundlich, gehen Sie ihnen entgegen, nennen Sie dabei ihre Namen und heißen Sie sie willkommen.

Nehmen Sie so früh und so oft wie möglich lächelnd Blickkontakt zu den Eltern auf. Führen Sie schon einen kurzen Small Talk auf dem Weg vom Kita-Eingang in den Besprechungsraum, in dem das Gespräch stattfinden soll. Hierbei kann es um Themen wie die Anreise, das Wetter oder ein besonderes Ereignis, wie z. B. das Fußballspiel am letzten Tag, gehen. Damit können Sie ganz leicht über mögliche Verunsicherungen oder Verlegenheit hinweghelfen, was besonders bei schwierigen Gesprächsanlässen hilfreich ist. Nutzen Sie unbedingt den kurzen Weg zum lockeren Small Talk und vermeiden Sie auf jeden Fall einen „Schweigemarsch".

Wenn Small Talk nicht Ihre Königsdisziplin ist, dann können Sie dies üben. Oder Sie überlegen sich einfach 5 Fragen, die Sie universell einsetzen können und mit denen Sie notfalls auch mehrere Minuten Wartezeit überbrücken können, weil Sie z. B. noch auf eine Kollegin warten.

Tipp: Wenn Sie Schwierigkeiten damit haben, notieren Sie sich die möglichen Themen einfach auf einer Karteikarte oder Ihrem Zettel.

Die 7 beliebtesten Small-Talk-Themen:

1. „Das war ja ein Bombenwetter am letzten Wochenende. Ich habe … gemacht. Wie haben Sie das Wetter genutzt? Was haben Sie Schönes mit Nils unternommen?"

2. „Wie war Ihre Anreise?/der Weg hierher? Die Baustellen hier um die Ecke sind ja eine echte Katastrophe. Welchen Schleichweg haben Sie genutzt?"

3. „Sind Sie sportinteressiert? Haben Sie gestern das Fußball-/…spiel angeschaut? Wie fanden Sie es?"

4. „Es ist ja momentan Apfelernte … Haben Sie schon etwas Schönes damit gemacht? Ich komme darauf, weil eines der Kinder eine Tüte mit selbst gepflückten Äpfeln mitgebracht hat. Kochen oder backen Sie gern? Haben Sie ein gutes Rezept für mich?"

5. „Es ist bald Weihnachten/Ostern/Zuckerfest … Wie feiern Sie dieses Jahr? Sind Sie schon in den Vorbereitungen?"

6. „Die Sommer-/Osterferien stehen ja vor der Tür. Verbringen Sie ein paar Tage gemeinsam zu Hause oder haben Sie andere schöne Dinge geplant?"

7. „Schauen Sie auch die eine oder andere Serie im Fernsehen? Ich habe gerade für mich „xyz" entdeckt und freue mich schon auf die nächste Folge heute Abend."

Eisbrecher und Kennenlernen

Laden Sie nun die Eltern ein, Platz zu nehmen, und beginnen Sie mit dem Gespräch. Hierzu können Sie sehr gut sogenannte Eisbrecher nutzen, also solche Formulierungen und Fragen, die schon zum Beginn eines Gesprächs eine vertrauensvolle Atmosphäre schaffen.

Beispiele für einige typische „Eisbrecher" sind:

- „Schön, dass Sie heute gekommen sind."
- „Danke, dass Sie heute gekommen sind und wir in aller Ruhe über Elisabeth sprechen können."
- „Vielen Dank, dass Sie den Termin heute wahrnehmen."
- „Ich bin froh, dass Sie heute gekommen sind, damit wir einmal in Ruhe über Kjell und Marie sprechen können."
- „Danke, dass Sie sich die Zeit nehmen konnten und nun hier sind."

Sollten Sie die Eltern noch nicht gut kennen oder hatten Sie bisher eher wenig Kontakt, stellen Sie sich selbst kurz noch einmal vor, damit die Eltern wissen, wer Sie sind. Hierbei geht es nicht darum, Ihr halbes Leben im Detail zu erzählen. Sagen Sie kurz Ihren Namen, etwas zu Ihrem beruflichen Hintergrund, Ihren Aufgaben in der Kita und z. B. zu Ihren weiteren Schwerpunkten.

Beispiel einer Vorstellung:
„Mein Name ist Claudia Berthold. Ich bin staatlich anerkannte Erzieherin. Meine Ausbildung habe ich in der Kita Pusteblume in Musterstadt gemacht. Hier in der Kita bin ich für die Bären-Gruppe, in der auch Ihr Sohn ist, zusammen mit der Gruppenleitung, Frau Meyer, zuständig. Darüber hinaus kümmere ich mich in der Kita um das Thema ‚Ernährung' und habe eine Weiterbildung zur Sprachexpertin."

Phase 2: Zielklärung oder der rote Faden

Informieren Sie die Eltern zunächst über die geplante Gesprächsdauer, Inhalte und Ihr Ziel des Gesprächs, wenn Sie selbst um das Gespräch gebeten haben. Holen Sie sich immer das Okay der Eltern dafür ab. Sie eröffnen den Eltern damit direkt zum Beginn des Gesprächs die Tür zur aktiven Mitarbeit.

Haben die Eltern um den Termin gebeten, dann fragen Sie die Eltern, welches Ziel, welche Wünsche oder Erwartungen sie haben, um mit dem Gespräch beginnen zu können.

Mögliche Fragen für diese Gesprächsphase

- „Wie viel Zeit haben Sie heute zur Verfügung?"
- „Ich habe mir für unser Gespräch heute Folgendes überlegt: … Ist das so für Sie in Ordnung?"
- „Gibt es Ihrerseits noch weitere Ergänzungen oder Wünsche für unser heutiges Gespräch?"

Mögliche Fragen für ein Gespräch, das auf Wunsch der Eltern zustande gekommen ist

- „Was kann ich für Sie tun?"
- „Was wünschen/erhoffen Sie sich für unser Gespräch heute?"
- „Was erwarten Sie von unserem Gespräch heute?"
- „Was für ein Anliegen haben Sie an mich/die Kita?"
- „Worüber sprechen wir heute konkret?"
- „Worüber sprechen wir heute und mit welchem Ziel?"
- „Wie gehen wir vor?"
- „Wo drückt der Schuh?"
- „Was liegt Ihnen auf dem Herzen?"

Haben Sie das Gespräch initiiert, erläutern Sie den Gesprächsanlass.

Mögliche Gesprächsanlässe können sein:
- Entwicklung des Kindes
- Fördermöglichkeiten
- Belastungen
- Auffälliges Verhalten des Kindes
- Auffälliges Verhalten der Eltern gegenüber dem Kind

Zielformulierung

Wissen Sie, was Ihr Ziel ist und was Sie erreichen wollen? Stellen Sie den Eltern Ihr eigenes Ziel für dieses Elterngespräch vor, formulieren Sie es aber nicht als absolutes Ziel, sondern so, dass die Eltern das Gefühl haben, Einfluss nehmen zu können.

Wenn die Eltern um das Gespräch gebeten haben, bitten Sie sie, ihr Ziel für das Gespräch zu benennen, und schauen Sie, ob Ihnen dieses Ziel konkret genug ist oder ob Sie noch etwas hinzufügen möchten. Sollten die Eltern als Ziel beispielsweise formulieren: „Wir wollten mal hören, wie es so mit Nils im Kindergarten läuft.“, dann können Sie hier ruhig genauer nachfragen und das Thema vielleicht ein wenig eingrenzen.

Mögliche Gesprächsziele können sein:

- Austausch von Informationen über die Entwicklung des Kindes verbessern
- Eltern ermuntern, Wünsche und Kritik deutlicher zu formulieren
- Eltern ermuntern, sich stärker am Kita-Alltag zu beteiligen
- Konkrete Maßnahmen bei auffälligem Verhalten einleiten
- Eltern ermuntern, professionelle Hilfe in Anspruch zu nehmen
- Eine bessere sprachliche Förderung für das Kind
- Eine gesündere Ernährung
- Eine schnellere oder bessere Sauberkeitserziehung
- Gründlicheres Zähneputzen

Phase 3: Analysephase

In der Analysephase wird über den Anlass oder das Problem informiert, es werden mögliche Ressourcen aufgedeckt und – sofern erforderlich – gemeinsame Lösungsvorschläge entwickelt. Nehmen Sie sich die Zeit, über das Anliegen zu reden.

Orientieren Sie sich hierbei an den folgenden Fragen:

- Wie sehe ich das Anliegen/Problem?
- Wie sehen die Eltern das Anliegen/Problem?
- Wie kann das Ziel erreicht werden?
- Was haben die Eltern bereits versucht? Was davon hat funktioniert, was nicht?
- In welchen Situationen wird welches Verhalten gezeigt?
- In welchen Situationen wird welches Verhalten nicht gezeigt?
- Welche Stärken hat das Kind?
- Was braucht das Kind?
- Wie kann ich und die Eltern das Kind unterstützen?
- Gibt es andere Fachdienste oder Fachleute, die einbezogen werden können?

Tipp: Wenn Sie sich etwas notieren möchten, können Sie dies Ihrem Gesprächspartner kurz signalisieren: „Entschuldigen Sie, das erscheint mir gerade sehr wichtig und ich möchte es mir eben notieren … Jetzt stehe ich Ihnen wieder zur Verfügung. Danke."

Manche Eltern sprechen wenig, andere sprechen ohne Punkt und Komma

Wenn Eltern sehr ruhig sind und Sie das Gefühl haben, dass Sie (fast) als Einzige reden, können folgende Strategien helfen:

- Stellen Sie vermehrt offene Fragen und verzichten Sie auf Ja-/Nein-Fragen. Statt „Spielt Lukas zu Hause?" lieber „Was spielt Lukas zu Hause?"
- Betonen Sie, dass Ihnen die Meinung der Eltern am Herzen liegt, da sie das Kind am besten kennen. „Ich möchte die Gelegenheit ergreifen und nachfragen, welche Stärken Sie bei Ihrem Sohn Lukas sehen? Mir ist es sehr wichtig, Ihre Ansicht zu hören, da Sie Lukas als Eltern am besten kennen."
- Halten Sie die Stille und das Schweigen aus und warten Sie, bis sich die Eltern äußern. Vielleicht brauchen sie einfach ein bisschen Zeit zum Überlegen.
- Thematisieren Sie das Schweigen: „Sie sind so still. Darf ich fragen, was Ihnen gerade durch den Kopf geht?"

Wenn Eltern sehr viel reden, bleibt Ihnen manchmal nichts anderes übrig, als diese zu stoppen.

Sorgen Sie für Aufmerksamkeit, indem Sie den Elternteil mit Namen etwas lauter ansprechen. Leiten Sie eine solche Unterbrechung beispielsweise wie folgt ein:

- „Entschuldigen Sie, Herr Meier, ich muss Sie kurz unterbrechen. Wenn ich Sie richtig verstanden habe, dann …"
- „Ganz kurz Herr Meier. Was ich mich gerade frage, ist …"
- „Herr Meier, Entschuldigung, wir kommen gerade vom Thema ab."
- „Herr Meier, Entschuldigung, wir haben nur noch 5 Minuten. Darf ich Sie fragen, was …"

Beziehen Sie die Eltern in die Analyse mit ein

Geben Sie den Eltern in der Analysephase die Möglichkeit, ihre Sicht zum Anliegen/Problem zeitlich angemessen darzulegen. Wiederholen Sie wichtige Aussagen und fragen Sie nach, ob Sie diese richtig verstanden haben.

Damit signalisieren Sie: Hier hört jemand gut zu und zeigt Interesse.

Fragen regen zum Nachdenken an und wenn die Eltern das Gefühl haben, dass Sie ebenso gute Ideen wie sie haben, wird die Bereitschaft zur Mitarbeit oder gar Veränderung hin zur Zielsetzung mit Sicherheit größer sein.

Folgende Formulierungen können hierbei hilfreich sein:

- „Können Sie mir die Schwierigkeiten/Probleme aus Ihrer Sicht beschreiben?"
- „Was hat aus Ihrer Sicht zu den Problemen geführt?"
- „Was haben Sie bislang versucht?"
- „Was könnte Ihrer Meinung nach dem Kind helfen?"
- „Was können wir gemeinsam tun, um Ihr Kind zu unterstützen?"
- „Was kann Eike Ihrer Meinung nach schon alles?"
- „Wie geht es Ihrem Kind?"

- „Woran glauben Sie, liegt es, dass …"
- „Ich mache mir auch Gedanken um Ihr Kind."
- „Sie kennen Ihr Kind in dieser Hinsicht besser als ich."
- „Das ist sehr interessant für mich, was Sie von Ihrem Kind berichten."
- „Ich vermute, dass Tim … braucht."
- „Was denken Sie, will Tim damit erreichen?"
- „Wie reagieren Sie in der Situation?"
- „Was ich an Ihrem Kind besonders mag, ist, …"
- „Das kann ich gut verstehen. Das sehe ich auch so."
- „Erzählen Sie mir doch etwas über Ihren Alltag, aus Ihrer derzeitigen Lebenssituation."
- „Darf ich Sie einmal fragen, was mich in Bezug auf Ihr Kind interessiert. Wäre Ihnen das recht?"
- „Wie kann eine gemeinsame Lösung aussehen?"
- „Was müssten Sie Ihrer Meinung nach tun, um die Situation zu verändern?"
- „Lassen Sie uns doch Lösungsideen sammeln, wie wir das Ziel erreichen könnten."
- „Mit welchem Lösungsvorschlag wollen Sie beginnen? Was erscheint Ihnen sinnvoll?"

Kommunikationsblocker

In der Analysephase gilt es, sogenannte Kommunikationsblocker zu vermeiden. Sie erschweren das Gespräch und die Eltern fühlen sich eventuell in die Enge getrieben und angegriffen. Kommunikationsblocker können sein:

Emotionalisierende Worte: wieder, wieder nicht, schon wieder, nicht schon wieder, immer, nie, überhaupt, ununterbrochen, ist ja klar, die ganze Zeit, absolut, extrem, total

Fragen, die keiner braucht: „Wissen Sie denn nicht, dass …?" „Hat Ihnen das noch nie jemand gesagt?" „Wann haben Sie eigentlich das letzte Mal …?" „Ist Ihnen das nicht klar?" „Begreifen Sie denn nicht, …?"

Reduzierungen auf einzelne Schlagworte oder „Diagnosen": hyperaktiv, verhaltensgestört, leistungsschwach, asozial, das Problem liegt in der Familie, typisch Einzelkind, als Eltern haben Sie versagt

Moralisieren: „Sie müssen sich mehr um Ihr Kind kümmern." Sagen Sie stattdessen lieber: „Ich glaube, Ihr Kind braucht zurzeit mehr Zuwendung. Wie denken Sie darüber?"

Zynismus, Ironie, Sarkasmus, Süffisanz: gehören nicht in Elterngespräche!

Seien Sie ehrlich zu sich!

Als Hilfestellung finden Sie auf S. 90 eine Checkliste für die Analysephase. Hier können Sie sich und Ihr Verhalten überprüfen und gegebenenfalls neue Strategien ausprobieren.

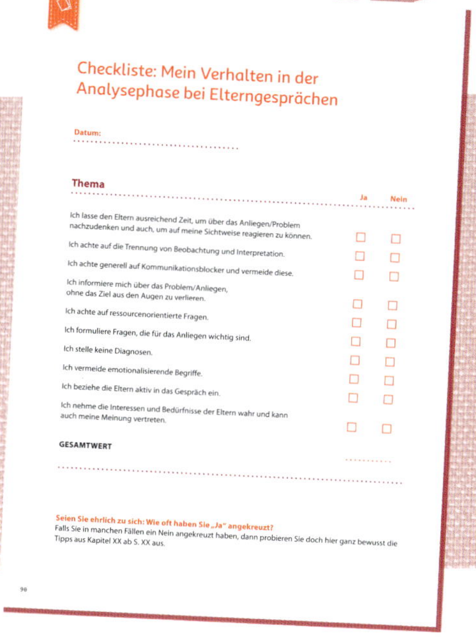
Checkliste: Mein Verhalten in der Analysephase bei Elterngesprächen

Datum: ....

Thema	Ja	Nein
Ich lasse den Eltern ausreichend Zeit, um über das Anliegen/Problem nachzudenken und auch, um auf meine Sichtweise reagieren zu können.	☐	☐
Ich achte auf die Trennung von Beobachtung und Interpretation.	☐	☐
Ich achte generell auf Kommunikationsblocker und vermeide diese.	☐	☐
Ich informiere mich über das Problem/Anliegen, ohne das Ziel aus den Augen zu verlieren.	☐	☐
Ich achte auf ressourcenorientierte Fragen.	☐	☐
Ich formuliere Fragen, die für das Anliegen wichtig sind.	☐	☐
Ich stelle keine Diagnosen.	☐	☐
Ich vermeide emotionalisierende Begriffe.	☐	☐
Ich beziehe die Eltern aktiv in das Gespräch ein.	☐	☐
Ich nehme die Interessen und Bedürfnisse der Eltern wahr und kann auch meine Meinung vertreten.	☐	☐

GESAMTWERT ....

Seien Sie ehrlich zu sich: Wie oft haben Sie „Ja" angekreuzt?
Falls Sie in manchen Fällen ein Nein angekreuzt haben, dann probieren Sie doch hier ganz bewusst die Tipps aus Kapitel XX ab S. XX aus.

90

Phase 4: Beschlussphase

In dieser Phase werden mit den Eltern konkrete Vereinbarungen geschlossen. Hierzu sind folgende Fragen wichtig:

- Wer macht was bis wann?
- Ist ein weiterer Gesprächstermin notwendig?
- Wenn ein weiterer Termin sinnvoll ist, wann?

Formulierungen, die Ihnen helfen, in die Vereinbarung zu kommen:

- „Können wir vereinbaren, dass …"
- „Können wir so verbleiben?"
- „Würden Sie der Idee zustimmen?"
- „Sind Sie damit einverstanden oder haben Sie einen anderen Vorschlag?"

Halten Sie die Vereinbarungen, Ergebnisse und/oder Maßnahmen in einem Protokoll fest.

Überprüfen Sie noch einmal, ob Sie die wichtigsten Punkte in der Beschlussphase erfüllt haben:

- Haben Sie die wichtigsten Eckpunkte des Gesprächs notiert?
- Haben Sie zusammen mit den Eltern Vereinbarungen getroffen?
- Haben Sie die nächsten Schritte festgelegt?
- Haben Sie sich weitere Notizen zum Gesprächsverlauf gemacht (falls dies erforderlich war)?

Phase 5: Abschlussphase

Nach dem erfolgreichen Beschluss konkreter Vereinbarungen in Phase 4, folgt nun die Abschlussphase.

Fassen Sie das Gespräch kurz zusammen und vergewissern Sie sich, dass die Eltern das Gespräch ebenso wahrgenommen haben wie Sie und sie gemeinsam zu einer oder mehreren Vereinbarungen gekommen sind.

Ist das Gespräch eher kontrovers und schwierig verlaufen, heben Sie als Erstes das Positive aus dem Gespräch hervor. Sie können z. B. sagen:

- „Wir sind nicht in allen Punkten einer Meinung, aber das müssen wir auch nicht sein. Wir waren im Gespräch und das sollten wir weiterführen."
- „Wir haben noch nicht in allen Punkten eine gemeinsame Lösung gefunden, aber wir haben schon viel erreicht!"
- „Ich bin froh, dass wir zusammen gesprochen haben. Jetzt kann ich Sie viel besser verstehen."
- „Auch wenn es an mancher Stelle kritisch wurde, finde ich, waren wir gut im Gespräch und können beim nächsten Mal die Themen angehen, wo wir uns noch stärker austauschen sollten."

Versichern Sie den Eltern, dass Sie für ihre Fragen und Anliegen weiterhin zur Verfügung stehen. Bieten Sie den Eltern bei Bedarf direkt einen neuen Termin an. Beenden Sie dann das Gespräch mit einer freundlichen Verabschiedung.

Reflexion

Nach einem Elterngespräch ist es sinnvoll, sich noch einmal mit dem Gespräch zu beschäftigen. Was lief gut, welche positiven Gesprächselemente beherrschen Sie bereits? Verwenden Sie hierzu den Fragebogen von S. 94. Anhand des Fragebogens werden Sie ebenfalls erkennen, an welchen Gesprächselementen Sie noch feilen können. Denn nach dem Gespräch ist vor dem Gespräch.

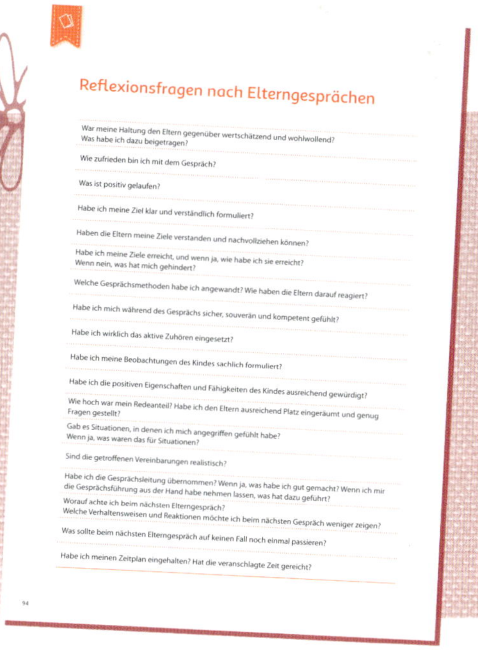
Reflexionsfragen nach Elterngesprächen

War meine Haltung den Eltern gegenüber wertschätzend und wohlwollend? Was habe ich dazu beigetragen?

Wie zufrieden bin ich mit dem Gespräch?

Was ist positiv gelaufen?

Habe ich meine Ziel klar und verständlich formuliert?

Haben die Eltern meine Ziele verstanden und nachvollziehen können?

Habe ich meine Ziele erreicht, und wenn ja, wie habe ich sie erreicht? Wenn nein, was hat mich gehindert?

Welche Gesprächsmethoden habe ich angewandt? Wie haben die Eltern darauf reagiert?

Habe ich mich während des Gesprächs sicher, souverän und kompetent gefühlt?

Habe ich wirklich das aktive Zuhören eingesetzt?

Habe ich meine Beobachtungen des Kindes sachlich formuliert?

Habe ich die positiven Eigenschaften und Fähigkeiten des Kindes ausreichend gewürdigt?

Wie hoch war mein Redeanteil? Habe ich den Eltern ausreichend Platz eingeräumt und genug Fragen gestellt?

Gab es Situationen, in denen ich mich angegriffen gefühlt habe? Wenn ja, was waren das für Situationen?

Sind die getroffenen Vereinbarungen realistisch?

Habe ich die Gesprächsleitung übernommen? Wenn ja, was habe ich gut gemacht? Wenn ich mir die Gesprächsführung aus der Hand habe nehmen lassen, was hat dazu geführt?

Worauf achte ich beim nächsten Elterngespräch? Welche Verhaltensweisen und Reaktionen möchte ich beim nächsten Gespräch weniger zeigen?

Was sollte beim nächsten Elterngespräch auf keinen Fall noch einmal passieren?

Habe ich meinen Zeitplan eingehalten? Hat die veranschlagte Zeit gereicht?

94

Entwicklungs-gespräche

Eine individuelle Angelegenheit

Frau Berthold kommt gerade aus einem sehr kurzen Entwicklungsgespräch mit Lisas Eltern und ist etwas ratlos. Das Gespräch war zwar sehr nett, ist aber auch ein wenig frustrierend verlaufen. Die Eltern von Lisa haben nichts gefragt, wollten nichts wissen und haben immer nur auf die Uhr geschaut.

Im Entwicklungsgespräch mit Toms Eltern war es dagegen ganz anders. Alle Beteiligten haben sich sehr rege miteinander ausgetauscht und konnten sogar eine Lösung für Toms Wahrnehmungsprobleme finden. Seine Eltern wollen einen Termin im Sozialpädiatrischen Zentrum vereinbaren – das hatte Frau Berthold gar nicht zu hoffen gewagt.

Von der Kunst, die Entwicklung des Kindes zu erklären

Entwicklungsgespräche und ihre Bedeutung

Entwicklungsgespräche gehören in der Kita zu den wichtigsten Gesprächen für Eltern. Das Gespräch bietet sowohl Zeit als auch Raum, um sich miteinander über alle Facetten des Kindes auszutauschen.

Entwicklungsgespräche sind anlassfrei. Es geht um einen strukturierten Informationsaustausch zwischen Ihnen und den Eltern.

In diesen meist ein- bis zweimal pro Jahr stattfindenden Gesprächen haben Sie als Erzieherin die Chance, sich mit den Eltern darüber auszutauschen, wie das Kind zu Hause und in der Kita wahrgenommen wird. Ihr Fokus sollte dabei auf die individuellen Stärken, Fähigkeiten und Kompetenzen des Kindes gerichtet sein und weniger auf die kindliche Entwicklung im Verhältnis zu einer bestimmten Altersnorm. Dies bedeutet natürlich nicht, dass Sie Defizite oder Einschränkungen des Kindes verschweigen oder verharmlosen sollten. Beobachtungs- und Dokumentationsverfahren unterstützen Sie im Elterngespräch und untermauern Ihre Aussagen zur individuellen Entwicklung des Kindes.

Entwicklungsgespräche bieten auch den Eltern die Möglichkeit, Wünsche und Erwartungen zu thematisieren. Mögliche weitere Förderung oder Unterstützungsmaßnahmen können vereinbart werden.

Wie Sie wissen, sind die Lebenswelten Kita und Familie gleichermaßen bedeutend für die Entwicklung des Kindes und im Idealfall arbeiten Sie mit den Eltern Hand in Hand, um die besten Entwicklungsbedingungen für das Kind zu schaffen.

Entwicklungsgespräche sind nicht immer leicht

Entwicklungsgespräche sind sensible Gespräche. Besonders wenn Sie Entwicklungsverzögerungen, Auffälligkeiten oder andere Schwierigkeiten bei einem Kind beobachtet haben und dies den Eltern mitteilen müssen, gilt es besonders vorsichtig und aufmerksam zu sein.

Eltern sprechen gern über ihre Kinder und deren Entwicklung und Lernfortschritte und reagieren in der Regel empfindlich, wenn es um Störungen in der Entwicklung, um Verhaltensauffälligkeiten oder familiäre Probleme geht. Solche Punkte werden häufig als direkte Kritik an den Eltern verstanden. Aus diesem Grund fordern Elterngespräche Ihre ganze Professionalität als Erzieherin.

Grundlage eines Entwicklungsgesprächs sind Ihre Beobachtungen – zumeist nachvollziehbare und belegbare Dokumentationen über die unterschiedlichen Entwicklungsbereiche des Kindes. Die Einschätzung Ihrer Kolleginnen untermauert dies in der Regel. So haben Sie ein nahezu komplettes Bild über das Kind, das Sie im Entwicklungsgespräch den Eltern kommunizieren können.

Entwicklungsgespräche sind immer dann erfolgreich, wenn Sie einen Dialog mit den Eltern herstellen können, bei dem Sie als Erzieherin die Beobachtungen und Erfahrungen der Eltern aktiv in die ganzheitliche Betrachtung des Kindes einbeziehen können.

Die 10 Schritte eines erfolgreichen Entwicklungsgesprächs

1. Einladung
2. Vorbereitung
3. Atmosphäre
4. Gesprächseröffnung
5. Zielklärung
6. Analyse und weiterer Gesprächsverlauf
7. Beschlussphase
8. Gesprächsabschluss
9. Nachbereitung
10. Reflexion

1. Schritt: Einladung

Schon mit der Gesprächseinladung legen Sie den Grundstein für ein erfolgreiches Elterngespräch.

Wenn es der Ablauf in Ihrer Kita erlaubt, bieten Sie flexible Termine für Elterngespräche an. Sprechen Sie nach Möglichkeit die Eltern persönlich an und vereinbaren Sie gemeinsam einen Termin, der auch wirklich gut passt. Geben Sie den Eltern bei dieser Terminvereinbarung schon ein gutes Gefühl, indem Sie sie auf ein informatives und produktives Gespräch über ihr Kind bei einer Tasse Kaffee einladen.

Verabschieden Sie sich:

„Ich freue mich auf das Gespräch mit Ihnen."

2. Schritt: Vorbereitung

Eine gründliche Vorbereitung ist für ein gutes Entwicklungsgespräch zwingend erforderlich. Sichten Sie rechtzeitig alle Ihre Beobachtungen, die Sie zu dem Kind dokumentiert haben. Schauen Sie sich – sofern vorhanden – weitere Unterlagen und die Portfolioarbeit des Kindes an und tauschen Sie sich zu dem Kind mit Ihren Kolleginnen aus. Handelt es sich nicht um das erste Elterngespräch, sollten Sie Ihre Aufzeichnungen aus dem letzten Elterngespräch ebenfalls noch einmal zur Hand nehmen. Achten Sie hierbei insbesondere auf die vereinbarten Ziele.

3. Schritt: Atmosphäre

Sorgen Sie für eine angenehme Gesprächsatmosphäre. Wenn es die räumlichen und zeitlichen Gegebenheiten erlauben, sollten Sie für das Gespräch mit den Eltern einen Raum wählen, in dem Sie möglichst wenig gestört werden. Schön wäre ein größerer freier Tisch, an dem Sie zusammen sitzen können und Sie Platz für Ihre Unterlagen haben. Das Anbieten eines Wassers oder einer Tasse Tee/Kaffee ist eine einfache Möglichkeit, den Eltern zu zeigen, dass sie willkommen sind.

4. Schritt: Gesprächseröffnung

Begrüßen Sie die Eltern und fragen Sie beispielweise, ob sie schnell einen Parkplatz gefunden haben. Weitere Themen, die sich sehr gut als Small Talk anbieten, finden Sie auf S. 37. Starten Sie mit einem positiven Gesprächsbeginn, wie einer erheiternden Geschichte über das Kind oder einem schönen, überraschenden Erlebnis:

- „Gerade gestern hat Ihre Tochter dieses schöne Bild gemalt."
- „Wir mussten alle lachen, als ihr Sohn gestern den Tiger aus dem Zoo nachgemacht hat und die anderen Mädchen kreischend weggelaufen sind."

Ein positiver Einstieg ist wichtig!

5. Schritt: Zielklärung

Einer der wichtigsten Punkte für ein gelingendes Entwicklungsgespräch ist die Zielklärung.

Legen Sie daher zum Beginn des Gesprächs gemeinsam mit den Eltern den Zeitrahmen des Gesprächs und die Ziele fest: *„Worüber sprechen wir heute?"*

Folgende Sätze können Ihnen dabei helfen, den Eltern den geplanten Ablauf vorzustellen:

„Ich habe mir für Sie eine ganze Stunde Zeit genommen/reserviert, in der ich Ihnen gern zunächst schildern möchte, wie ich Paul in der Kita wahrnehme und wie er sich entwickelt hat."

Alternativ:

- „Als Erstes möchte ich Ihnen einen kleinen Einblick über Pauls Verhalten und seine Entwicklung bei uns in der Kita geben und wie ich ihn mit den anderen Kindern bei uns erlebe."
- „Dann würde ich mich freuen, wenn Sie mir auch etwas von Pauls Entwicklung und seinem Verhalten bei sich zu Hause berichten. Und danach sprechen wir über die Themen, die Ihnen noch am Herzen liegen. Gibt es Fragen oder weitere Themen Ihrerseits?"

Holen Sie die Eltern immer mit ins Boot! Fragen Sie, ob sie mit dem von Ihnen vorgeschlagenen Ablauf einverstanden sind.

Erläutern Sie den Eltern, dass Sie das Ziel haben, sich über den emotionalen, motorischen, kognitiven und sprachlichen Entwicklungsbereich sowie das soziale Verhalten des Kindes auszutauschen.

Im Gespräch gilt es auszuloten, ob es Abstimmungen für den weiteren Entwicklungsverlauf des Kindes gibt. Legen Sie dann, auf Basis Ihrer und der Beobachtungen der Eltern Ihre Erkenntnisse dar.

Beziehen Sie dabei die Eltern mit ein:

- „Können Sie das nachvollziehen?"
- „Reagiert Tom bei Ihnen zu Hause auch so?"
- „Kennen Sie das Verhalten von zu Hause?"
- „Erleben Sie Ähnliches bei Tom?"

So bekommen die Eltern nicht das Gefühl, einfach nur im Gespräch sitzen zu müssen, um Ihnen zuzuhören.

6. Schritt: Analyse und weiterer Gesprächsverlauf

Im weiteren Gesprächsverlauf geht es um das aktuelle Erleben des Kindes.

Fragen Sie hierzu im Verlauf Ihrer eigenen Erörterungen immer wieder nach, wie die Eltern die Entwicklung ihres Kindes betrachten.

Mögliche Fragen könnten sein:

- „Frau Müller, entspricht die Betreuung von Kira in unserer Kita Ihren Erwartungen?"
- „Wie geht es Ihrem Kind zurzeit in der Kita? Wie erleben Sie es, wenn es anschließend daheim ist?"
- „Gibt es aus Ihrer Sicht etwas Besonderes zu berichten?"
- „Womit beschäftigt sich Leonie zu Hause?"
- „Was macht Lennard daheim Freude?"
- „Welche Spiele spielt Ricarda gerade besonders gern?"
- „Welche Entwicklungsschritte hat Ihr Kind in den letzten Wochen/Monaten gemacht?"
- „Wie versteht es sich mit den Geschwistern?"
- „Wie sieht ein typischer Tagesablauf bei Ihnen aus?"
- „Was machen Sie am Wochenende?"
- „Wie sieht bei Ihnen die Zubettgeh-Situation aus?"
- „Wie viel Zeit verbringen Sie am Tag mit Ihrem Kind?"
- „Welche schönen Ereignisse haben Sie in der letzten Zeit gemeinsam erlebt?"

Auch die Eltern zählen

Als kompetente Fachfrau betrachten Sie das Kind natürlich nicht losgelöst von den Eltern. Im Gesprächsverlauf sollten Sie sich deshalb ebenso nach dem Befinden der Eltern erkundigen. Fragen Sie auch nach deren Einstellung zur Entwicklung ihres Kindes und nach den Auswirkungen des Besuches ihres Kindes in der Kita.

Mögliche Fragen könnten sein:
- „Wie geht es Ihnen, seitdem Ihr Kind in der Krippe ist?"
- „Was hat sich für Sie verändert, seitdem Mehmet in der Kita ist?"
- „Welche Situationen erleben Sie als herausfordernd mit Max?"
- „Gibt es Situationen mit Ihrer Tochter, die Sie als besonders entspannend erleben?"
- „Wie gehen Sie mit herausfordernden Situationen um?"

Stärken statt Defizite

Alle Kinder haben Stärken und Schwächen. Ihre Aufgabe im Entwicklungsgespräch ist es, den Blick der Eltern auf die Stärken und Ressourcen ihres Kindes zu lenken. Vermeiden Sie jeden defizitären Blick auf das Kind. Achten Sie deshalb besonders auf Sätze, die Sie vielleicht auch schon mal gehört haben.

Sätze, die Sie auf gar keinen Fall sagen sollten

- „Das sollte Ihr Sohn schon längst können."
- „Das erwarte ich aber schon von einem 3-jährigen Kind."
- „Elli kann das auch schon, und die ist erst 2,5 Jahre."
- „Das läuft eigentlich schon ganz gut, aber …"
- „Im direkten Vergleich mit anderen Kindern ist Tom noch nicht so weit."
- „Wenn ich Susan mit anderen Kindern in ihrer Gruppe vergleiche, hinkt sie einfach noch hinterher."
- „Sogar Tine, die jünger ist als Bella, ist schon trocken."
- „Wieso kann Janni eigentlich noch nicht allein seine Zähne putzen? Er ist der Einzige, der noch meine Hilfe dabei braucht."
- „Es ist nicht normal, dass Jonas in dem Alter noch mit den Händen isst."
- „Jetzt sollte Can aber so langsam mal anfangen zu laufen."
- „So wie sich Mareike hier in der Gruppe verhält, ist das für mich schon sehr verhaltensauffällig."
- „Wenn Greta da nicht mal zulegt, dann sehe ich schwarz für die Einschulung im Sommer."

Solche Sätze drücken Unzulänglichkeiten, Vergleiche oder Bewertungen aus und implizieren, dass das Kind außerhalb der Norm liegt. Eltern haben für die Art von versteckten Botschaften in der Regel ein sehr gutes Gespür. Diese Konsequenz kann nur sein, dass die Eltern sich abgewertet fühlen und verletzt sind. Eine mögliche Folge ist eine Störung in der weiteren Zusammenarbeit.

Achten Sie auf Ihre Körpersprache

Auch bei Entwicklungsgesprächen ist eine stimmige Beziehungsebene wichtig. Dieses wird von den Eltern dann als stimmig empfunden, wenn Ihre Worte mit Ihrer Körpersprache im Einklang sind. Selbst wenn Sie den Eltern unerfreuliche Informationen vermitteln müssen, ist es wichtig, dass Sie dies mit Respekt, Wertschätzung und Wohlwollen tun. Achten Sie auf Ihre Körpersprache. Bemühen Sie sich, den Eltern offen und zugewandt gegenüber zu sein.

5 Tipps für Ihre Körpersprache

Blickkontakt: Sofern es kulturell nicht als unhöflich gilt, jemandem in die Augen zu schauen, sollten Sie dies mit einem interessierten Blick machen, ohne zu starren.

Gesten: Unterstreichen Sie das, was Sie sagen wollen, durch Gesten. Achten Sie dabei aber auf die richtige Dosierung. Ein Zuviel an Gesten kann auch übertrieben, aufgesetzt, überheblich oder unsicher wirken.

Körperhaltung: Sie wirken souveräner und sicherer, wenn Sie darauf achten, die Arme nicht vor der Brust zu verschränken oder in die Hüfte zu stemmen oder die Schultern nicht hochzuziehen.

Stimme: Sprechen Sie ruhig, langsam, deutlich und in einer angenehmen Stimmlage. Dies fördert den Eindruck von Kompetenz.

Bewegung: Bleiben Sie kontrolliert in Ihrem Bewegungstempo. Falls Sie im Gespräch aufstehen und sich bewegen, sollten Sie nicht zu langsam wirken und so Langeweile versprühen, aber auch nicht durch das Zimmer hasten nach dem Motto: *Hoffentlich ist das alles hier bald vorbei.*

7. Schritt: Beschlussphase

In der Beschlussphase geht es darum, ein Resümee des bisher Besprochenen zu ziehen.

Versichern Sie sich nochmals, dass Sie die Ansichten der Eltern verstanden haben und umgekehrt. Versuchen Sie so genau wie möglich, die getroffenen Vereinbarungen und Ziele noch einmal zusammenzufassen.

Lassen Sie sich diese von den Eltern bestätigen. Besprechen Sie zusätzlich, welche Aufgaben die Eltern übernehmen wollen, um zum Erreichen der Ziele beizutragen.

Mögliche Formulierungen könnten sein:

- „Für mich war das Entwicklungsgespräch sehr informativ. Ich habe viele zusätzliche Informationen über Pauls Entwicklung erhalten. Es wurde deutlich, wie wichtig es Ihnen ist, dass wir hier besonders auf Pauls Ernährung achten sollen."
- „Ich finde es sehr gut, dass Sie dieses Ziel tatkräftig unterstützen wollen, indem Sie nur noch Obst und keine Süßigkeiten mehr in seine Brotdose geben wollen. Ich für meinen Teil werde besonders auf die Frühstückssituation achten und das Ganze auch noch einmal dem Team vortragen."

> Fassen Sie am Ende Vereinbarungen zusammen!

8. Schritt: Gesprächsabschluss

Einen positiven Gesprächsabschluss zu finden, ist nicht immer leicht, da nicht alle Eltern mit dem Gesprächsverlauf und den Informationen über ihr Kind zufrieden sind.

Versuchen Sie auf jeden Fall, den Bogen zu kriegen, das Gespräch positiv zu beenden und die Eltern mit einem Lächeln zu verabschieden.

Mögliche Formulierungen könnten sein:

- „Herr und Frau Müller, ich kann mir vorstellen, dass das Gespräch nicht ganz leicht für Sie war. Mich würde interessieren, wie Sie das Gespräch erlebt haben?"
- „Wie geht es Ihnen nun nach unserem Gespräch?"
- „Gibt es irgendetwas, was ich noch für Sie tun kann?"
- „Benötigen Sie noch weitere Informationen, die ich Ihnen zukommen lassen soll?"
- „Kommen Sie einfach noch mal auf mich zu, wenn Sie noch weitere Fragen zu unserem heutigen Gespräch haben."
- „Auch wenn es heute schwierig war, aber ich bin sehr zuversichtlich, dass wir die vereinbarten Ziele gemeinsam erreichen werden."
- „Ich freue mich auf das nächste Entwicklungsgespräch und ich bin mir sicher, dass Eleonore sich bis dahin gut im Kindergarten einleben wird, wenn wir alle unsere ‚Hausaufgaben' machen."
- „Kommen Sie gut nach Hause."

9. Schritt: Nachbereitung

Nehmen Sie sich nach Möglichkeit nach jedem Elterngespräch 5 bis 10 Minuten Zeit, um das Gespräch noch einmal zusammenzufassen.

Berücksichtigen Sie diese Phase (Schritt 9) auch schon bei der Planung Ihrer Elterngespräche und lassen Sie immer 15 Minuten Pause zwischen den Gesprächen. Schreiben Sie ein kurzes Protokoll über den Gesprächsverlauf, das die folgenden Fragen beantwortet:

- Wie verlief das Gespräch?
- Was wurde vereinbart?
- Wer kümmert sich worum?
- Wurde das gesetzte Ziel erreicht, warum – warum nicht?
- Was muss ich für das nächste Gespräch beachten?
- Sonstige Dinge, die mir aufgefallen sind.

10. Schritt: Reflexion

Neben der inhaltlichen Nachbereitung des Entwicklungsgesprächs sollten Sie sich ebenfalls etwas Zeit für die Reflexion nehmen.

Jedes Entwicklungsgespräch bietet einen Anlass, Ihre dialogischen Fähigkeiten zu überprüfen und zu hinterfragen.

Nutzen Sie hierzu die folgenden Fragen:

- Habe ich überzogene Ansprüche an das Kind, die Eltern oder an mich selbst gestellt?
- Fühle ich mich gut damit, wie ich mich gerade im Gespräch verhalten habe?
- Welche Gründe könnte es geben, dass die Eltern sich so verhalten haben, dass ihr Verhalten mich gestört oder verunsichert hat?
- Was würde ich denken, fühlen oder wahrnehmen, wenn sich eine Erzieherin mir gegenüber so verhält, wie ich es eben in dem Gespräch getan habe?
- Was würde ich mir selbst von einer Erzieherin in einem Entwicklungsgespräch wünschen oder von ihr erwarten, wenn ich Elternteil wäre?
- Was hält mich davon ab, meine dialogische Haltung zu bewahren?
- Was konkret brauche ich in Elterngesprächen?
- Was konkret sollte ich tun, um den Kontakt zu den Eltern noch weiter zu verbessern?

Entwicklungsgespräche – das Wichtigste auf einen Blick

Einladung	• Schriftlich oder mündlich einladen • Gesprächsanlass verdeutlichen: Entwicklungsgespräch • Nach Möglichkeit mit beiden Elternteilen reden
Raum	• Störungen vermeiden (z. B. Türschild: „Bitte nicht stören") • Angenehme Atmosphäre schaffen
Kompetenzbereiche	Differenzierte Ausführungen zum Verhalten des Kindes in den folgenden Bereichen machen: kognitive Entwicklung, Motorik, Feinmotorik, soziale Entwicklung, Sprache
Rahmenbedingungen	Persönliches Gespräch zwischen Eltern und Erzieherinnen. Erfordert etwa 1 Stunde Zeit, Ruhe und eine gründliche Vorbereitung
Dokumentation	Entwicklungsdokumentation mit Beobachtungen, Einschätzungsbogen, Portfolio, ggf. Videoaufzeichnung, Lerngeschichte, Kinderzeichnungen usw. **Achtung**: Die Dokumentation bleibt in Ihrem Besitz und wird den Eltern im Entwicklungsgespräch nicht ausgehändigt
Einstieg	• Auflockern der Gesprächsatmosphäre, z. B. durch: humorvolle Begegnung/Geschichte/Erlebnis/Anekdote/Lerngeschichte/Foto/Videoaufzeichnung • Freude über das Kind ausdrücken • Schweigepflicht garantieren
Hauptphase	• Mit den Stärken des Kindes beginnen • Entwicklung des Kindes aus der Perspektive der pädagogischen Fachkraft darstellen • Darstellung der Entwicklung aus der Perspektive der Eltern • Identische und abweichende Erfahrungen beleuchten **Merke:** • Kind nicht mit anderen Kindern vergleichen! • Auffälligkeiten sind keine Charaktereigenschaften! • Nicht auf die eigene Sichtweise pochen! • Keine Ratschläge, Bagatellisierungen oder Belehrungen!
Vereinbarungen	Abstimmen, wie die gemeinsame Unterstützung des Kindes erfolgen soll
Abschluss	• Gespräch zusammenfassen • Vereinbarungen wiederholen

6

Konfliktgespräche

Und wenn es dann mal kracht

Frau Berthold geht aus dem Gruppenraum und trifft im Flur auf Frau Pöppelbaum, die sie sofort in einem aggressiven Ton anfährt: „Ich finde es nicht nett, wenn ich von anderen Eltern erfahre, dass mein Sohn immer noch nicht so weit ist wie die anderen Kinder! Wie können Sie das als angeblich professionelle Erzieherin verantworten, meinen Sohn nicht so zu fördern, damit er genauso gut beim Klettern ist wie die anderen Kinder der Gruppe. Da läuft doch etwas nicht richtig hier bei Ihnen!"

Auf die Zwischenfragen von Frau Berthold reagiert Frau Pöppelbaum schon gar nicht mehr, sondern geht weiter zum Gruppenraum, um ihren Sohn zu holen. Danach verlässt sie die Kita mit den Worten: „Darüber spreche ich noch mit Ihrer Leitung! Das wird ein Nachspiel haben!" Frau Berthold bleibt mit einem fragenden Blick zurück und weiß gar nicht, was eigentlich passiert ist.

Konfliktgespräche gehören zum Kita-Alltag

Eine Herausforderung

Wo Menschen zusammenkommen, kann es auch Konflikte geben. Eltern sehen ihre Erwartungen und Bedürfnisse als nicht erfüllt an, Sachverhalte werden unterschiedlich beurteilt, Meinungen prallen aufeinander. Solche Situationen kennen Sie sicherlich aus Ihrem Arbeitsalltag in der Kita.

Schnell können aus Beschwerden, Missverständnissen, Meckereien und Vorbehalten Vorwürfe entstehen, bis hin zu persönlichen Animositäten, Konflikten oder offenen Beleidigungen zwischen Eltern und Erzieherinnen.

Die Herausforderung für Sie als Erzieherin liegt in der Lösung dieser Konflikte. Denn ein produktives pädagogisches Arbeiten mit den Kindern kann nur dann wirklich gut funktionieren, wenn Sie mit den Eltern an einem Strang ziehen.

Keine angenehme Sache

Um einen Konflikt zu bereinigen, kommen Sie in der Regel nicht um ein klärendes Gespräch herum. Kein Wunder, dass Konfliktgespräche von den meisten Menschen als extrem unangenehm erlebt werden und häufig einen negativen Beigeschmack haben, denn:

- Meinungen können laut bis schreiend kundgetan werden.
- Die Beteiligten könnten sich gegenseitig beschimpfen.
- Die Beteiligten sind häufig nicht bereit, einander wirklich zuzuhören.
- Die Beteiligten unterstellen einander, dass der andere nicht „will".
- Beide Seiten wollen recht haben.
- Es gibt keine Einigung über eine gemeinsame Sichtweise. Konflikte kosten Kraft und können schmerzhaft sein.
- Und dennoch sind sie wichtig, da sie auf Ungeklärtes hinweisen und Gewohntes und Bewährtes infrage stellen können.

Konflikte sind immer auch Impulsgeber für eine Weiterentwicklung und für die Neugestaltung der Zusammenarbeit mit den Eltern. Konflikte können zu einer Intensivierung der gemeinsamen Zusammenarbeit führen und damit dem Kindeswohl förderlich sein. Vor diesem Hintergrund gilt es, Konflikte als Chance zu sehen.

Konflikte sind Chancen

Das Positive an Konflikten

Sehen Sie Konflikte als etwas Positives an. Seien Sie neugierig, was alles Neues aus dem Konflikt entstehen kann.

Durch einen Konflikt erhalten Sie in der Regel Informationen, die Ihnen vor dem Konflikt nicht bewusst waren und die wichtig für seine Bearbeitung sein können. Wechseln Sie Ihre Perspektive und versetzen Sie sich in die Lage der Eltern. Versuchen Sie deren Denk- und Handlungsweise zu verstehen und nachzuvollziehen. So können Sie langfristig Ihre gemeinsame Zusammenarbeit mit den Eltern stärken. Aus jedem Konflikt machen Sie so einen Informationsgewinn!

Es gibt viele Gründe für Konflikte

Es gibt Konfliktthemen, die offensichtlich sind. Eine Mutter beschwert sich, weil ihr Kind nicht warm genug angezogen war, weil schon wieder die neue Haarspange fehlt, dass die Strumpfhose einem anderen Kind angezogen wurde oder der Gürtel verschwunden ist.

Die Auslöser für Konflikte können vielseitig sein. Manchmal reicht auch ein stressiger Alltag und schnell wird unüberlegt oder gereizt auf etwas reagiert – und bevor man sich versieht, kommt es zum Konflikt.

Ein offener Konflikt ist gekennzeichnet durch Forderungen, Streitereien, Aggressionen und dem Ziel, sich bei seinem Gegenüber lautstark durchzusetzen und seine Rechte einzufordern.
Auch aus harmlosen Situationen können handfeste Konflikte entstehen.

Manchmal gibt es aber auch schwelende Konflikte, die sich langfristig zu einem ausgewachsenen Konflikt entwickeln können. Das Problem dabei: Im Praxisalltag erkennen wir nicht immer sofort, dass hier etwas „im Busch" ist.

Oft sind es nur ganz kleine Signale wie ein „ungutes Bauchgefühl", die auf solche unterschwelligen Störungen hindeuten. Genau auf jene kleinen Konfliktanzeichen sollten Sie achten und diese rechtzeitig ansprechen.

Typische Signale für schwelende Konflikte zwischen Eltern und Erzieherinnen

Wirkung	Signale
Kontakt zwischen Eltern und Erzieherin erkaltet	• Begrüßung und Umgangston ist förmlich • Direkter Kontakt wird vermieden • Keine Zu-, sondern Abwendung • „Böse“ Blicke, kein Blickkontakt • Angespannte, feindselige und aggressive Stimmung
Herabsetzung des Gegenübers	• Unterstellungen bis hin zu verbalen Attacken • Unsachliche Kritik, Sticheleien • Klatsch und Tratsch, „Gerüchteküche“ • Eltern bilden Interessengruppen mit gegenläufigen Positionen
Gesagt, aber nicht gehört	• Keine Reaktion auf Gesprächsangebote • Gemeinsam getroffene Vereinbarungen werden auf einmal nicht eingehalten • Entscheidungen der Kita werden ignoriert

Nicht nur offene, sondern auch schwelende Konflikte sollten so schnell wie möglich angesprochen und im besten Fall gelöst werden, damit es zu keiner Eskalation kommt.

Gelingt es Ihnen, Konflikte darzulegen, wenn Sie Konfliktsignale wahrnehmen?

Es ist nicht jedermanns Sache, Eltern direkt auf etwas anzusprechen oder mit Eltern in einen direkten Dialog zu gehen und für eine Klärung zu sorgen. Wie kommt das?

Ob Ihnen dies gelingt oder Sie Ihre Konfliktfähigkeit zunächst aufbauen und stärken sollten, hängt in der Regel mit Ihrer eigenen Biografie zusammen. Nehmen Sie sich die Zeit und hinterfragen Sie mithilfe des Selbstreflexionsbogen von S. 91 Ihr eigenes Konfliktverhalten. Auf S. 92 finden Sie zudem Fragen, die Ihnen bei der Lösung eines bestehenden Konflikts weiterhelfen.

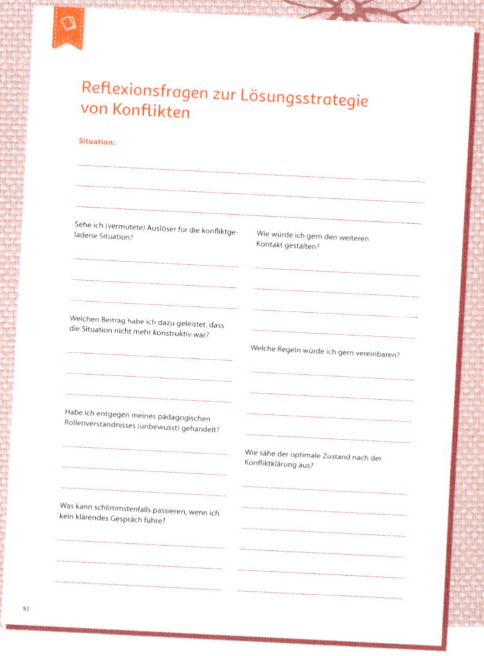
Reflexionsfragen zur Lösungsstrategie von Konflikten

Situation:

Sehe ich (vermutete) Auslöser für die konfliktgeladene Situation?

Welchen Beitrag habe ich dazu geleistet, dass die Situation nicht mehr konstruktiv war?

Habe ich entgegen meines pädagogischen Rollenverständnisses (unbewusst) gehandelt?

Was kann schlimmstenfalls passieren, wenn ich kein klärendes Gespräch führe?

Wie würde ich gern den weiteren Kontakt gestalten?

Welche Regeln würde ich gern vereinbaren?

Wie sähe der optimale Zustand nach der Konfliktklärung aus?

92

Ablauf eines typischen Konfliktgesprächs

Vorbereitung
1. Phase: Begrüßung
2. Phase: Konfliktbeschreibung
3. Phase: Konflikterhellung
4. Phase: Lösungssuche
5. Phase: Vereinbarung
6. Phase: Verabschiedung
Nachbereitung

Vorbereitung

Gerade in Konfliktsituationen ist eine sorgsame Vorbereitung des Konfliktgesprächs besonders hilfreich.

Wichtige Fragen für Ihre Vorbereitung könnten sein:

- Was sind meine Gedanken und Gefühle?
- Was sind meine Vorstellungen und Ziele für das Gespräch?
- Mag ich die Eltern eigentlich?
- Was sind wohl die Interessen und Ziele der Eltern?
- Haben beide Elternteile die gleichen Interessen und Ziele?
- Wie haben die Eltern in den vorherigen Gesprächen reagiert? Sind sie eher ruhig oder aggressiv, aufbrausend oder kooperativ?
- Wie hoch wird die Gesprächsbereitschaft der Eltern sein?
- Wie hoch wird die Kompromissbereitschaft sein?
- Welche Kompromisse bin ich bereit einzugehen?
- Wo vermute ich Gegensätze und Unterschiede?
- Wo könnten Interessenkonflikte/ -überschneidungen sein?
- Was macht mich angreifbar?
- Welche Zeitpläne sind realistisch?

Wer nimmt am Konfliktgespräch teil?

Klären Sie in der Vorbereitung, wer an dem Konfliktgespräch teilnehmen soll. Wenn beide Elternteile eingeladen sind und auch teilnehmen werden, kann es Gespräche geben, in denen eine Kollegin oder die Kita-Leitung an Ihrer Seite Ihnen mehr Sicherheit gibt. Wenn Sie eine Kollegin oder die Kita-Leitung mit in das Gespräch nehmen, überlegen Sie vorher, welche Rolle diese einnehmen soll. Soll ihre Rolle eher passiv sein (z. B. für das Protokoll zuständig) oder soll sie Sie aktiv unterstützen?

1. Phase: Begrüßung

Heißen Sie die Eltern willkommen und geben Sie ihnen Zeit, in Ruhe anzukommen.

Bieten Sie ein Getränk an und bedanken Sie sich zunächst für das Kommen der Eltern. So stellen Sie den Kontakt zu ihnen her und schaffen eine Vertrauensbasis. Gehen Sie dann langsam zum eigentlichen Gesprächsanlass über, indem Sie die bestehenden Unstimmigkeiten offen ohne Vorwürfe ansprechen und benennen.

Erklären Sie den Eltern zusätzlich, dass es Ihr Wunsch und Ihr Ziel wäre, in dem kommenden Gespräch alle Unstimmigkeiten aus dem Weg zu schaffen, um dann wieder zu einer partnerschaftlichen Zusammenarbeit zum Wohle des Kindes finden zu können.

Betonen Sie an dieser Stelle ruhig noch einmal, dass Sie sich sehr darüber freuen würden, wenn Ihnen dies gemeinsam gelingt.

Formulierungsvorschläge für die Begrüßungssituation:

- „Ich freue mich, dass Sie da sind. Ich habe Sie um das Gespräch heute gebeten, weil …"
- „Schön, dass Sie es geschafft haben. Wir sitzen heute zusammen, weil …"
- „Mussten Sie sehr hetzen, um es rechtzeitig zu schaffen?"
- „Ich bin froh, dass wir heute miteinander sprechen, …"
- „Heute geht es darum, unsere Standpunkte und Sichtweisen zu beschreiben, und zu klären, welche Vereinbarungen wir treffen können."
- „Vielen Dank, dass Sie an dem Gespräch teilnehmen. Es ist wichtig, dass wir zusammensitzen, damit wir uns aussprechen. Das wird auch Carla guttun, die sicherlich die Spannungen zwischen Ihnen und mir mitbekommt."
- „Ich freue mich, dass wir nun die Gelegenheit haben, gemeinsam zu schauen, …"

Bei Konfliktgesprächen mit Eltern, die vielleicht etwas herausfordernder sind, hat sich in der Praxis folgender „Kunstgriff" für Konfliktgespräche bewährt. Sagen Sie den Eltern, dass es in der Kita die folgenden 4 Gesprächsregeln für die Erzieherinnen untereinander gibt, die für alle Gespräche universell gelten. Und diese Regeln lauten:

1. **Wir lassen den anderen ausreden.**
2. **Wir hören dem anderen zu.**
3. **Wir nehmen einander ernst.**
4. **Wir bewerten nicht unser Gegenüber.**

Sagen Sie noch einmal, dass Sie sich freuen würden, wenn sich alle in dem folgenden Gespräch an diese Regeln halten würden.

2. Phase: Konfliktbeschreibung

Was ist passiert? In diesem Schritt soll die Entstehung des Problems von allen Beteiligten besser verstanden werden.

Hierzu beschreiben zunächst die Eltern und dann Sie, wie sie den Konflikt aus der jeweiligen Sicht erlebt haben und tragen die einzelnen Standpunkte vor.

Leiten Sie diese Phase der Konfliktbeschreibung z. B. mit diesen Worten ein: „Damit wir alle auf dem gleichen Stand sind und vielleicht besser nachvollziehen können, wie es zu dem aktuellen Stand gekommen ist, schlage ich vor, dass wir nun nacheinander unsere jeweilige Sicht des Vorfalls und die weitere Entwicklung beschreiben. Im Anschluss können wir gemeinsam klären, wie es uns damit gegangen ist, um dann darauf einzugehen, wie wir zukünftig unsere Zusammenarbeit gestalten wollen. Sind Sie damit einverstanden?"

Achtung!

Achten Sie darauf, dass die Beschreibung des Konflikts möglichst genau und in der Ich-Form erfolgt. Unterlassen Sie jegliche Form von Schuldzuweisungen.

3. Phase: Konflikterhellung

Diese Phase ist nicht eindeutig von der vorherigen Phase der Konfliktbeschreibung abzugrenzen, aber Sie sollten die Konflikterhellungsphase nutzen, um auch Ihrer Gefühlslage Ausdruck zu verleihen.

Gleichzeitig können Sie hier versuchen, die Motive und Gefühle der Eltern herauszufinden, die zum Konflikt beigetragen haben. Wie dies geschehen könnte, soll Ihnen die folgende Formulierung verdeutlichen:

„Frau Engelbert, Sie wissen, dass ich Sie und Ihren Umgang mit Carla sehr schätze. Und deshalb bin ich irritiert, wie sich unser gemeinsamer Kontakt in den letzten 2 Wochen verändert hat. Es sind in unserem letzten Gespräch Worte gefallen, die mich sehr verletzt haben. Wie geht es Ihnen damit? Wie fühlen Sie sich? Sehen Sie das auch so?"

Im Idealfall macht jeder der Beteiligten an diesem Gespräch einmal „reinen Tisch", sagt, wie es ihm geht, was ihn beschäftigt und wie er sich damit fühlt. Wenn dieser Punkt geschafft wurde, können nun alle Beteiligten gemeinsam nach einer Lösung suchen.

4. Phase: Lösungssuche

Wenn es nun um die Suche einer Lösung geht, können Sie die Methode des Brainstormings sehr gut einsetzen.

Hierbei werden alle Ideen, Vorschläge und Überlegungen unzensiert gesagt und zunächst nicht bewertet.

Nutzen Sie hierzu ein Blatt Papier, ein Flipchart oder eine Tafel, je nachdem, womit Sie am liebsten arbeiten oder was Ihnen zur Verfügung steht.

Formulierungsvorschläge für die gemeinsame Lösungssuche:

- „Ich schlage nun vor, dass wir gemeinsam schauen, welche Lösungswege uns einfallen."
- „Damit wir nicht wieder in so eine Konfliktsituation kommen, sollten wir gemeinsam nach Lösungen suchen."

Bei dieser Technik werden Sie häufig feststellen, dass Ihre Standpunkte und Lösungsideen gar nicht so weit voneinander entfernt sind.

Besprechen Sie die notierten Punkte, halten Sie durchaus die möglichen Lösungsansätze fest und benennen Sie diese. Hierbei könnte eine Formulierung so aussehen: „Das haben wir schon mal geschafft, hier sind wir uns einig."

Für den Fall, dass noch nicht für alle Punkte gemeinsame Lösungsmöglichkeiten gefunden wurden, können Sie z. B. folgende Formulierungen verwenden:

- „An diesem Punkt sind wir uns noch nicht einig. Wollen wir hier noch einmal überlegen, wie wir zu einer gemeinsamen Klärung kommen können?" „Wie gehen wir damit um, dass wir an dieser Stelle unterschiedlicher Meinung sind?"
- Häufig ist zu diesem Zeitpunkt im Konfliktgespräch schon so viel Gemeinsamkeit wieder hergestellt, dass ein freundlicher professioneller Umgang und ein positives Ende des Gesprächs absehbar sind.

Wenn es keine Lösung gibt

Wenn Sie im Konfliktgespräch keine Lösung finden, vertagen Sie das Gespräch. Finden Sie einen neuen Termin und knüpfen Sie an das vorherige Gespräch an.

Es gibt Situationen, da finden Eltern und Erzieherinnen trotz Gesprächsbereitschaft nicht gleich im ersten Gespräch zueinander. Möglicherweise ist der Konflikt auch so verfestigt, dass Eltern und Erzieherinnen keinen Ausweg aus dem Konflikt sehen. In solchen Fällen kann es hilfreich sein, die Möglichkeit eines moderierten Gesprächs durch eine (externe) Fachberatung, einen Supervisor, Mediator oder Coach in Anspruch zu nehmen.

5. Phase: Vereinbarung

In der vorletzten Phase des Konfliktgesprächs geht es darum, eine Vereinbarung zu finden, mit der alle Beteiligten gut leben können.

Diese Vereinbarung sollte noch einmal von Ihnen herausgearbeitet und präzise formuliert werden, bevor Sie sie in das Gesprächsprotokoll schreiben.

Manchmal kann es auch hilfreich sein, die getroffene Vereinbarung auf einem separaten Zettel zu notieren und von allen Beteiligten unterschreiben zu lassen. Auch hier ein Formulierungsvorschlag für Sie:

„Ich bin sehr zufrieden, was wir heute erarbeitet haben. Ich denke, wir können nun unsere Vereinbarung(en) formulieren. Ich würde es so formulieren: … Ist das für Sie in Ordnung, wenn ich das wie eben genannt in unserem Protokoll festhalte?"

6. Phase: Verabschiedung

Fassen Sie die Ergebnisse und Vereinbarungen noch einmal zusammen und kommunizieren Sie weitere Schritte. Leiten Sie das Gesprächsende mit einem positiven Schlusskommentar ein, wie z. B.:
„Ich bin (sehr) erleichtert, dass wir uns so gut einigen konnten, und freue mich über unsere Vereinbarung." „Ich bin ganz froh/dankbar, dass es uns gelungen ist, trotz unterschiedlicher Sichtweisen zu einer Einigung gekommen zu sein. Ich freue mich, wie offen und respektvoll wir miteinander reden konnten." „Ich freue mich, dass es uns gelungen ist, so viele Gemeinsamkeiten herauszuarbeiten."

Ein freundlicher Abschluss ist wichtig!

Nachbereitung

Nehmen Sie sich nach einem Konfliktgespräch immer auch Zeit, um dieses noch einmal Revue passieren zu lassen.

Fragen Sie sich:

- Was lief gut?
- Was lief nicht so gut?
- Was würde ich beim nächsten Gespräch anders machen?
- Welche Vereinbarungen muss ich dem Team mitteilen?

Vergessen Sie nicht, die getroffenen Vereinbarungen einzuhalten. Machen Sie sich also beispielsweise eine Notiz in Ihrem Kalender, wenn Sie etwas zu einem bestimmten Termin vereinbart haben (z. B., dass die Eltern von Fenja ab jetzt einmal pro Woche berichten, wie es mit dem Einschlafen klappt).

Notieren Sie auch, wenn Sie z. B. einen weiteren Gesprächstermin ausgemacht haben oder Sie im nächsten Quartal bei Bedarf einen neuen Termin vereinbaren möchten.

Achten Sie darauf, weiterhin in einem guten Kontakt mit den betreffenden Eltern zu sein.

Die Phasen eines Konfliktgesprächs im Überblick

Phase	Inhalt
Vorbereitung	• Für angenehme Gesprächsatmosphäre sorgen • Auf dialogische Haltung besinnen • Sich auf das Gegenüber einstellen
1. Begrüßung	• Freundlich • Gesprächsanlass benennen
2. Konfliktbeschreibung	Ablauf: • eigenen Standpunkt darlegen • Standpunkte der Eltern einholen Beachten Sie hierbei: • Ich-Botschaften senden • Akzeptanz ausdrücken • aktiv zuhören • Standpunkte nicht kommentieren
3. Konflikterhellung	• Eigene Gefühle ansprechen • Gefühle und Motive der Eltern herausfinden
4. Lösungssuche	• Gemeinsame Lösungen suchen • Brainstorming • Zwischenergebnisse festhalten • Beim Thema bleiben
5. Vereinbarung	• Ergebnisse zusammenfassen • Zeitplan festlegen • Gesprächsnotiz anfertigen und die Parteien, falls erforderlich/ gewünscht, unterschreiben lassen
6. Verabschiedung	• Ergebnis würdigen • Eltern freundlich verabschieden
Vereinbarungen	Abstimmen, wie die gemeinsame Unterstützung des Kindes erfolgen soll
Nachbereitung	• Reflexion: Was lief gut? Was lief nicht gut? • Änderungen für das nächste Gespräch? • Welche Informationen aus diesem Gespräch müssen dem Team mitgeteilt werden? • Überprüfung, ob Vereinbarungen eingehalten werden? • Ggf. weiteres Gespräch mit den Eltern vereinbaren

7

Tür-und-Angel-Gespräche

Elternkontakt auf dem Flur

Jeden Morgen wird Frau Berthold zwischen „Tür und Angel" von den verschiedensten Eltern angesprochen, um irgendwelche Dinge noch eben kurz zu besprechen oder zu klären. Die Themen reichen von einem vergessenen Turnbeutel über das frühere Abholen des Kindes am Nachmittag oder eine Unterschrift für den Ausflug in den Zoo bis hin zu den Ausführungen über den letzten Arztbesuch von Marie-Luise, bei dem der Arzt eine Vorstellung beim Logopäden empfohlen hat.

Frau Berthold fühlt sich mit diesen Tür-und-Angel-Gesprächen nicht wirklich wohl. Einerseits hat sie das Gefühl, den Eltern nicht gerecht werden zu können, weil sie parallel auch ein Auge auf die anderen Kinder, die sich bereits im Gruppenraum befinden, haben muss. Andererseits hat sie Sorge, dass die Eltern sie für oberflächlich halten könnten, wenn sie morgens so kurz angebunden ist.

Kleine Gespräche mit großer Wirkung

Zwischen Bringen und Holen

Tür-und-Angel-Gespräche gehören zu ihrem Arbeitsalltag. Diese Gespräche finden meist in der Bring- und Abholsituation der Kinder statt. Oft ist es nur ein kurzes Übergabegespräch zwischen Ihnen und den Eltern, um sich abzustimmen, Organisatorisches zu klären, über Ereignisse und Vorkommnisse zu informieren oder um Persönliches auszutauschen.

Tür-und-Angel-Gespräche sind eher ungeplant und unvorbereitet, haben als kurze Alltagsgespräche einen hohen Beziehungswert und helfen beim Aufbau einer Vertrauensbasis zwischen Ihnen und den Eltern. Sie signalisieren: *Sie sind mir wichtig!* Oder: *Ich bin für Sie da!*

Als niedrigschwelliges Gesprächsangebot erreichen Sie mit Tür-und-Angel-Gesprächen alle Eltern. Gleichzeitig erleichtern Tür-und-Angel-Gespräche auch dem Kind den Übergang von zu Hause in die Kita, wenn es merkt, dass seine Eltern und seine Erzieherinnen sich freundlich begegnen und gut verstehen.

Tür-und-Angel-Gespräche sind die Voraussetzung für konstruktive Elterngespräche. Mit der kontinuierlichen Beziehungspflege können Sie die Kooperations- und Kompromissbereitschaft der Eltern stärken. So fallen Ihnen später mögliche schwierige Gespräche sehr viel leichter.

Gleichzeitig kann ein Kurzgespräch auch sehr stressig für Sie sein, denn gleichzeitig müssen Sie noch viele weitere Dinge zum Tagesbeginn oder zur Schließzeit erledigen.

Alle hören mit!

Jedes Wort und jeder Satz, den Sie mit den Eltern zwischen „Tür und Angel" austauschen, geschieht in der Öffentlichkeit und häufig inmitten der Kinder. Seien Sie wachsam, welche Inhalte davon für die Kinderohren nicht bestimmt sind. Manchmal hören aber auch andere Eltern mit – ob gewollt oder ungewollt. Hier gilt das Gleiche wie für die Kinderohren.

Das sollten Sie vermeiden:

- Keine Andeutungen machen
- Keine Informationen, die die Schweigepflicht verletzen, wie z. B. medizinische Informationen oder Interna aus dem Familienleben
- Keine heiklen Themen, wie z. B. nicht bezahlte Rechnungen
- Keine Diskussionen anfangen
- Keine Konfliktgespräche beginnen oder führen

5 Tücken zwischen „Tür und Angel“

Tücke 1: Passt nicht zwischen „Tür und Angel“

„Ich will aber jetzt mit Ihnen reden!" Manche Themen brauchen mehr Zeit und Aufmerksamkeit, als Sie im Moment bieten können. Mögliche Reaktionen von Ihnen könnten in so einer Situation sein:

- „Ich merke schon, das Thema ist Ihnen ganz wichtig und ich kann mich Ihnen jetzt nicht mit voller Aufmerksamkeit zuwenden (widmen). Kommen Sie doch morgen gleich um 8.30 Uhr, dann kann ich mir ein bisschen Zeit für Sie nehmen."
- „Es tut mir leid, ich sehe, dass Sie etwas Wichtiges mit mir besprechen wollen und ich habe gleich einen Termin. Können Sie morgen um ...?"

Bleiben Sie freundlich und dennoch standhaft. Wenn Sie entscheiden, dass das Gespräch in dieser Form nicht stattfinden kann und Sie eine Alternative anbieten, bleiben Sie in Kontakt und stören Sie das Beziehungsgefüge nicht.

Eltern honorieren in der Regel diese Vorgehensweise, da sie sich mit ihrem Anliegen ernst genommen fühlen.

Tücke 2: Eltern, die reden und reden und reden

Wenn ein Tür-und-Angel-Gespräch kein Ende findet, ist es an Ihnen, das Gespräch professionell zu beenden oder zu vertagen. Folgende Formulierungen können dabei helfen:

- „Herr Bertig, entschuldigen Sie, das ist sehr interessant und dennoch muss ich jetzt unterbrechen, da ich in der Gruppe gebraucht werde."
- „Herr Winder, ich kann Ihnen leider nicht mehr mit der nötigen Aufmerksamkeit folgen, da ich jetzt in der Gruppe gebraucht werde."
- „Frau Schneider, das ist ein wichtiger Punkt. Den halte ich jetzt gedanklich fest und gebe Ihnen eine Rückmeldung in der Abholzeit. Jetzt gehe ich in die Gruppe zurück."
- „Frau Minge, ich muss Sie jetzt leider stoppen. Es ist sehr interessant, was Sie mir erzählen, aber ich habe leider nicht die Zeit weiter zuzuhören. Tut mir leid. Wir können gern einen Termin vereinbaren und dann in Ruhe weitersprechen."

Sie können diese Sätze durch die folgenden Gesprächsunterbrecher zusätzlich verstärken:

- Deuten Sie mithilfe Ihrer Gestik an, dass Sie etwas sagen wollen.
- Legen Sie Ihre Unterlagen zusammen.
- Erheben Sie sich.
- Vergrößern Sie Ihren räumlichen Abstand zu Ihrem Gegenüber.
- Widmen Sie sich bewusst und sehr deutlich einer anderen Aufgabe.
- Gehen Sie in Richtung Tür, drücken Sie die Türklinke schon herunter.
- Strecken Sie Ihre Hand aus und läuten Sie mit dieser Geste den Abschied ein.

Tücke 3: Eltern fordern sofort eine Entscheidung von Ihnen

Eine Mutter will unbedingt wissen, wie es sich mit dem Essensgeld verhält und versucht, Ihnen eine Entscheidung zu entlocken. So können Sie reagieren:

- „Ich verstehe, dass Ihnen das Thema wichtig ist. Ich kann Ihnen keine konkrete Aussage dazu geben. Die Kita-Leitung wird die Eltern dazu informieren."
- „Ich nehme wahr, dass Ihnen das Thema wichtig ist. Ich habe zu dem Essensgeld keine Informationen und kann keine Aussage dazu treffen."
- „Da muss ich erst mit meiner Kollegin/ im Team/mit der Kita-Leitung Rücksprache halten."
- „Ich werde mich mit meinen Kolleginnen zusammensetzen und komme dann morgen auf Sie zu."

Tücke 4: Ein drohender Angriff

Wie gehen Sie damit um, wenn Sie merken, dass die Aussagen eines Elternteils Ihnen gegenüber nicht wertschätzend sind und in der Öffentlichkeit ein direkter Angriff folgen könnte, den möglicherweise auch die Kinder mitbekommen? Eine Möglichkeit besteht darin, dass Sie das Tempo des möglichen Angriffs reduzieren und ganz konkret nachfragen:

- „Wie meinen Sie das genau?"
- „Was haben Sie genau bemerkt?"
- „Wann haben Sie das bemerkt?"
- „Wann genau haben Sie das wahrgenommen?"
- „Woran machen Sie das fest?"

Oft lösen sich durch solche konkretisierenden Fragen erste Anspannungen bei Ihrem Gegenüber. Nun ist der richtige Zeitpunkt gekommen, um einen separaten Gesprächstermin zu vereinbaren, um den Sachverhalt in Ruhe klären zu können.

Tücke 5: Selbst um ein Gespräch bitten

Bei Tür-und-Angel-Gesprächen ist es manchmal schwer, die Aufmerksamkeit der Eltern zu gewinnen, um z. B. einen Gesprächstermin zu vereinbaren.

Die einfache Frage nach einem Termin könnte die Eltern eventuell irritieren, da sie nicht wissen, worum es geht, was bei ihnen zur Verunsicherung führen kann. Hilfreich ist hier die sogenannte 1-2-3-Methode:

1-2-3-Methode

1. Beschreiben Sie die Situation/Ihr Anliegen: „Heute haben Mira und Ben im Sandkasten gespielt und auf einmal hat Mira Ben in den Arm gebissen."
2. Formulieren Sie eine Ich-Botschaft: „Ich hatte die beiden immer im Blick, war jedoch nicht schnell genug dort, um rechtzeitig eingreifen zu können."
3. Stellen Sie Ihren Wunsch/Ihre Forderung: „Wann haben Sie in dieser Woche Zeit, damit wir gemeinsam überlegen können, was wir gegen das Beißen tun können."

Mit dieser konkreten Ansage haben die Eltern ausreichend Informationen, fühlen sich gut informiert und nicht „überfallen" und vereinbaren mit Sicherheit umgehend einen Termin mit Ihnen.

Wie verhalten Sie sich bei Tür-und-Angel-Gesprächen?

Kommen Sie leicht ins Gespräch? Reden Sie mit einigen Eltern länger als mit anderen? Reflektieren Sie Ihr Verhalten mit dem Reflexionsbogen auf S. 93.

So wichtig sind Tür-und-Angel-Gespräche

Bei all den Tücken und Herausforderungen, die ein Tür-und-Angel-Gespräch mit sich bringt, ist diese Art des Elterngesprächs doch sehr hilfreich.

Vor allem, wenn
- Sie die Eltern über Organisatorisches informieren wollen,
- es beispielsweise um Themen wie Essen, Trinken, Spielverhalten, Windelsituation oder das Schlafen geht,
- Sie bei den Eltern Irritationen oder Missverständnisse bemerken, die durch eine kurze Nachfrage schnell geklärt werden können,
- Sie einen Termin für ein Gespräch vereinbaren möchten,
- Sie Hinweise geben oder Impulse setzen wollen,
- Sie schöne Beobachtungen mit den Eltern teilen wollen,
- Sie sich für etwas bedanken möchten oder den Eltern gratulieren wollen,
- Sie Gesprächsbedarf ermitteln wollen.

Zusammenfassung

- Tür-und-Angel-Gespräche sind sehr kurze Gespräche. Sie sollten 15 Minuten nicht überschreiten.
- Tür-und-Angel-Gespräche sind ein wichtiger Kommunikationsweg, um zu den Eltern eine vertrauensvolle Beziehung aufzubauen. Ihre Gesprächsbereitschaft signalisiert Interesse und Wertschätzung gegenüber den Eltern.
- Wichtige Informationen und Klärungsgespräche werden nicht in der Öffentlichkeit besprochen! Um ausreichend Ruhe und Zeit für das Gespräch zu haben, sollten Sie unbedingt einen separaten Termin vereinbaren.
- Tür-und-Angel-Gespräche haben für die Beziehungsgestaltung und den Informationsaustausch einen hohen Stellenwert.

Zwischen „Tür und Angel" gibt es Tücken, die jedoch mit der richtigen Kommunikation zu meistern sind.

STOP

Beleidigungen und Co.

Wenn es unter die Gürtellinie geht

Frau Berthold hat sich in den letzten Wochen eingehend mit dem Thema „Kommunikation" beschäftigt. Es gefällt ihr, dass sie seitdem viele positive Elterngespräche geplant und spontan geführt hat. Die positiven Rückmeldungen zahlreicher Eltern bestätigen ihr, dass sie die richtigen Worte findet und eine tolle Arbeit mit den Kindern leistet, worüber sie sich sehr freut.

Umso geknickter war sie, als sie gestern mit den Eltern von Hannes ein kurzes Tür-und-Angel-Gespräch hatte. Aus dem Nichts heraus schrie Herr Krinke sie auf einmal an, dass sie doch untauglich für ihren Beruf sei und unprofessionell und sie solle sich doch mal im Spiegel betrachten, ob so eine Erzieherin aussieht!

Frau Berthold stand im Flur und konnte nicht antworten, so geschockt war sie.

Bis hierhin und nicht weiter

Grenzen setzen

Es kann Ihnen immer mal wieder passieren, dass Eltern

- überzogene Erwartungen an Sie haben,
- unrealistische Forderungen stellen,
- bei Ihnen Ängste auslösen,
- Ihnen gegenüber übergriffig sind,
- vermeintliche Macht ausspielen wollen,
- kontinuierlich unzufrieden mit Ihnen oder der Einrichtung sind,
- Ihnen gegenüber feindselig sind,
- Sie komplett ignorieren.

In diesen Situationen ist es wichtig, dass Sie für sich Grenzen setzen und vor allem das Verhalten nicht auf sich persönlich beziehen.

In den allermeisten Fällen hat ein solches Elternverhalten etwas mit deren eigenen Defiziten oder „Baustellen" zu tun. Aus diesem Grund ist eine klare Grenzsetzung und die Ansage „bis hierhin und nicht weiter" wichtig für Ihr Wohlbefinden. Sie müssen nicht alles schlucken, den Forderungen und Ansprüchen der Eltern nicht Folge leisten und sich nicht beleidigen lassen!

Was kann passieren?

Abwertende Aussagen über Sie als Person und über Ihre Arbeit können ganz vielfältige und nicht nachvollziehbare Gründe haben. Häufig geht es den Eltern dabei nicht um ein konstruktives Gespräch.

Vielmehr geht es darum, dass Sie verunsichert oder mundtot gemacht werden sollen. Dies passiert z. B. durch:

- Persönliche Angriffe
- Infragestellen Ihrer pädagogischen Fachkompetenz
- Lautwerden oder Schreien
- Ihnen zu nahe kommen durch Eindringen in Ihre persönliche Distanzzone
- Bestreiten von Tatsachen oder Darstellen von Meinungen als unumstößliche Tatsachen

Kennen Sie solche oder ähnliche Elternaussagen? Wie würden Sie darauf antworten?

- „Wenn ich Paul abhole, sagt er mir immer wieder, dass er sich bei Ihnen langweilt."
- „Sie gucken gerade wie eine Kuh!"
- „Sie sind doch nur eine Basteltante und verstehen gar nichts von Bildung!"
- „Wenn Sie im Garten nicht immer nur quatschen würden, würden Sie sehen, was Ella macht!"

Souverän antworten – Beispiele

Wie Sie souverän auf diese Elternaussagen und Beleidigungen antworten können, sehen Sie an diesen Beispielen:

„Wenn ich Paul abhole, sagt er mir immer wieder, dass er sich bei Ihnen langweilt."	„Wissen Sie, was Paul genau damit meint?"
„Sie gucken gerade wie eine Kuh!"	„Das Schöne ist, Frau Herzberg, ich finde, Kühe sind ganz wunderbare Geschöpfe."
„Sind Sie eigentlich zu blöd, darauf aufzupassen, dass die Hose nicht dreckig wird?"	„Entschuldigen Sie, Herr Grube, ich möchte, dass Sie sich mit mir in einem angemessenen Ton und einer korrekten Wortwahl unterhalten. Gern können wir dann weiter sprechen und klären, wie es sich mit der Hose Ihrer Tochter verhält."
„Sie sind doch nur eine Basteltante und verstehen gar nichts von Bildung!"	„Was genau verstehen Sie unter Basteltante?"
„Wenn ich Sie schon sehe, wird mir schlecht!"	„Frau Becher, wir in der Kita pflegen ein gutes Verhältnis mit den Eltern. Wenn Sie meinen, ich genüge Ihren Qualitätsansprüchen nicht, würde ich gerne einen Termin mit Ihnen vereinbaren. Wann haben Sie dazu Zeit?"
„Wenn Sie im Garten nicht immer nur quatschen würden, würden Sie sehen, was Ella macht!"	„Wenn Sie mit Quatschen meinen, dass wir unter Kolleginnen in einen kurzen fachlichen Austausch treten haben Sie recht."
„Wo haben Sie eigentlich Ihren Abschluss gemacht? Da erwarte ich aber mehr als das bisschen hier!"	„Ich habe meinen Abschluss an der Fachhochschule Südwestfalen in Soest gemacht."
„Kriegen Sie tatsächlich Geld für das, was Sie hier machen?"	„Ich bekomme genau so viel Geld für das, was ich hier tue, wie es einer staatlich anerkannten Erzieherin zusteht."
„Sie können doch gar nicht mitreden. Sie haben doch selbst keine Kinder!"	„Ich habe einen staatlich anerkannten Abschluss als Erzieherin. Das sollte reichen."
„Sie werden schon sehen, was Sie davon haben!"	„Frau Ebert, was genau meinen Sie damit?"

Ruhe bewahren und Abstand nehmen – Tipps

In herausfordernden oder grenzüberschreitenden Situationen heißt es, sich nicht aus dem Konzept bringen zu lassen. Beachten Sie stattdessen folgende Tipps:

Inneren Abstand einnehmen

Wenn Sie sich unfair behandelt fühlen oder Eltern Ihnen Vorwürfe machen, sagen Sie sich selbst: „Es hat nichts mit mir als Person zu tun, sondern mit meiner Rolle als Erzieherin!"

Atmen

Atmen Sie in brenzligen Situationen dreimal kräftig ein und aus.

Aufstehen

Wenn das Gespräch sich im Kreis dreht und Sie nicht mehr weiterwissen, unterbrechen Sie das Gespräch kurz, indem Sie aufstehen. Sie können das Fenster öffnen, um ein wenig frische Luft ins Zimmer zu lassen, oder Sie können sich kurz entschuldigen, um zur Toilette zu gehen. Diese kleine Unterbrechung können Sie gut nutzen, um Ihre Gedanken zu sortieren und für das Gespräch neue Impulse zu finden.

Flipchart/Plakat

Um Ruhe und eine Sortierung in das Gespräch zu bekommen, kann es hilfreich sein, dass Sie wichtige Aussagen auf einem Flipchart skizzieren. So können Sie und die Eltern das Gespräch nachvollziehen. Sollten Eltern im Laufe des Gesprächs aufbrausend, ausfallend oder beleidigend werden, können Sie dies im ersten Schritt mit einem Blitz auf dem Plakat festhalten, um dann später auf diese Situation einzugehen.

Inneres Lächeln

Halten Sie kurz inne und denken Sie sich: „Igitt, was für ein Kommunikationsstil!" Es kann auch ein anderer Satz sein, der Ihnen einfällt und Ihnen ein leichtes inneres Lächeln/Schmunzeln auf die Lippen zaubert und sich wie ein Schutzmantel um Sie legt. Legen Sie sich eine solche Strategie zurecht, die Sie immun gegen Attacken macht.

Symbol

Ein imaginärer Regen- oder Sonnenschirm, eine Rüstung oder eine Wand können Bilder sein, die Sie bei Vorwürfen oder persönlichen Angriffen zu Hilfe nehmen, um sich abzugrenzen und selbst zu schützen.

Sich auf das Ziel besinnen

Sie haben das Gefühl, Sie verrennen sich gerade im Gespräch? Sie haben 1 000 Gedanken gleichzeitig im Kopf, wissen nicht, wie Sie agieren sollen? Halten Sie auch hier kurz inne, atmen Sie tief ein und aus, schauen Sie auf Ihren Notizzettel und schreiben Sie Ihre Gedanken stichpunktartig auf, damit Sie diese nicht vergessen.

5 Profitechniken für schwierige Gespräche

Doch auch konstruktive Kommunikation stößt manchmal an ihre Grenzen, wenn Ihr Gegenüber sich nicht an die Regeln einer guten Kommunikation hält und unfair agiert.

Die Folgen können sein: Sprachlosigkeit, Ohnmachtsgefühle, Zittern, Erröten, erhöhter Puls oder erhöhte Atemfrequenz, Bewegungsdrang/Unruhe oder auch Starre.

Damit Ihnen so etwas nicht passiert, können Sie diese 5 Profitechniken aus dem Schlagfertigkeitstraining anwenden.

Sie können Ihnen helfen, Übergriffe abzuwehren, Grenzen zu setzen und trotzdem später ohne weitere „Verletzungen" wieder in ein konstruktives Miteinander zu kommen:

Verbale Angriffe haben bei Ihnen keine Chance!

1. Lassen Sie Angriffe ins Leere laufen

Lassen Sie Ihren Körper sprechen, indem Sie z. B. Ihre Augen weit aufreißen, die Augenbrauen hochziehen oder nicken, um zu zeigen, dass Sie sehr wohl bemerkt haben, dass sich Ihr Gegenüber eine Entgleisung erlaubt hat.

Sie können einen Angriff auch komplett ignorieren oder so tun, als hätten Sie diesen gar nicht bemerkt. Sagen Sie hierzu etwas ganz Sachliches wie z. B.: „Geben Sie mir 1 Minute, ich muss gerade noch den Satz zu Ende schreiben …" Tun Sie dabei so, als sei dies eine Zwischenbemerkung und keine Antwort Ihrerseits auf den Angriff. Zeigen Sie Ihrem Gegenüber, dass Sie sich nicht durcheinanderbringen lassen.

Mit dem „Umleiten" gehen Sie nicht auf den Angriff ein, sondern leiten zu einem komplett anderen Thema. Es darf banal oder auch komisch sein, Ihr Gegenüber wird in jedem Fall irritiert sein, was Sie da gerade tun, wenn Sie z. B. davon reden, dass „das Bild an der Wand doch wunderschön ist" oder „übermorgen das Sommerfest in ihrer Kita startet …".

Auch möglich sind zweisilbige Kommentare. Ein fester Blick, kombiniert mit einem „Soso" oder „Hhmm", lässt Sie innerlich durchatmen und Zeit gewinnen, um eine passende Antwort zu finden.

2. Bleiben Sie dran – Strategie

Sicherlich kennen Sie Situationen, in denen Eltern unbedingt recht haben wollen. Sehr elegant, ganz ohne Kampf, können Sie einem Elternteil dort recht geben, wo es sich nicht lohnt, zu argumentieren. Es sind Sätze wie: „Aus Ihrer Sicht haben Sie sicherlich recht und dennoch …" „Für Sie mag das so sein und dennoch …" „Sie sehen das gewiss richtig für sich selbst und dennoch …"

Sie werden verbal angegriffen und bevor Sie in Sprachlosigkeit verfallen, können Sie eine Rückfrage stellen, wie z. B.: „Wie bitte?" „Entschuldigung, ich glaube, das habe ich gerade nicht korrekt verstanden!" „Könnten Sie bitte noch einmal wiederholen, was Sie gerade gesagt haben?"

Entgiften Sie! Mit dieser Form der Fragestellung nehmen Sie Tempo aus einem Gespräch und fordern Ihr Gegenüber auf, sich zu erklären. Dies bedeutet im Umkehrschluss Zeit für Sie, durchzuatmen. Wenn Ihr Gesprächspartner beispielsweise zu Ihnen sagt: „Sind Sie wirklich so blöd?" können Sie entgiften und fragen: „Was genau meinen Sie mit ‚blöd'?"

3. Fragen zum Konkretisieren stellen

Während Sie beim Entgiften gezielt nach Begriffen suchen, die erklärt werden sollen, können Sie durch konkretisierende Fragen Sachverhalte, Aussagen, Standpunkte oder Argumente verdeutlichen. Auch hier einige Beispiele: „Was genau meinen Sie damit?" „Können Sie bitte Ihre Aussage für mich konkretisieren?" „Können Sie mir bitte Ihren Standpunkt begründen?"

4. Gegenreden

Bleiben Sie gelassen und entspannt – denken Sie daran, Ihr Elternteil möchte Sie provozieren und rechnet nicht damit, dass Sie sich nicht provozieren lassen. Antworten Sie nahezu humorvoll auf den Angriff und gehen Sie dann wieder zum eigentlichen Sachverhalt über.

Elternteil: „Sie sind doch viel zu jung für den Job, Sie haben doch gar keine Ahnung, wie man mit Kindern umgeht." Mögliche Antwort: „Herr Müller, vielen Dank für das Kompliment, dass Sie mich so jung einschätzen. Ich möchte jetzt aber wieder auf Torben zurückkommen und gemeinsam mit Ihnen überlegen, wie wir …"

5. Positiv umdeuten

Durch das Umdeuten können Sie verbale Entgleisungen positiv umdeuten. Angenommen, ein Elternteil greift Sie an und sagt zu Ihnen: „Wenn ich beobachte, wie Sie mit den Kindern umgehen, dann wird mir ganz schlecht!" Werden Sie nicht sprachlos, sondern deuten Sie den Satz um und sagen Sie z. B.: „Immerhin gestehen Sie mir das Arbeiten zu, Herr Müller!"

Übung macht den Meister

Sie haben in diesem Kapitel nun einiges zum Umgang mit Störungen in Elterngesprächen gelernt. Sie können Grenzen setzen und elegant kontern.

Aber egal, wie viele Bücher Sie zu diesem Thema lesen werden, richtig gut macht Sie erst die stete und tägliche praktische Übung.

Anhang – Kopiervorlagen als Arbeitshilfen

- ☑ Selbsteinschätzungsbogen Kommunikation
- ☑ Reflexionsbogen: Meine innere Einstellung zu Eltern
- ☑ Checkliste zur Selbstbeobachtung: Was mache ich gegen Stress?
- ☑ Checkliste: Mein Verhalten in der Analysephase bei Elterngesprächen
- ☑ Reflexionsbogen: Wie gehe ich mit Konflikten um?
- ☑ Reflexionsbogen zur Lösungsstrategie von Konflikten
- ☑ Reflexionsbogen: Mein Verhalten bei Tür-und-Angel-Gesprächen
- ☑ Reflexionsfragen nach Elterngesprächen

Selbsteinschätzungsbogen Kommunikation

Aspekt	Kann ich gut	Fällt mir nicht so leicht
1. Ich kann Kontakt zu unterschiedlichen Typen von Eltern herstellen.	☐	☐
2. Ich kann mit allen Eltern gut reden.	☐	☐
3. Ich baue in den Gesprächen Vertrauen auf.	☐	☐
4. Ich bin humorvoll im Umgang mit Eltern.	☐	☐
5. Ich kann den Eltern ein Lächeln abringen.	☐	☐
6. Mich interessieren die Meinungen, Ansichten und Lebensweisen der Eltern.	☐	☐
7. Ich nehme Eltern ernst.	☐	☐
8. Ich gebe keine Versprechen, die ich nicht halten kann.	☐	☐
9. Ich drücke mich verständlich aus.	☐	☐
10. Ich kann Kritik annehmen und aushalten.	☐	☐
11. Ich kann gut zuhören.	☐	☐
12. Ich kann mich in die Eltern einfühlen.	☐	☐
13. Ich kann offene Fragen stellen.	☐	☐
14. Ich kann ein Gespräch zeitlich und inhaltlich gut strukturieren.	☐	☐
15. Ich bin mir meiner nonverbalen Kommunikation bewusst.	☐	☐
16. Auf verbale Angriffe kann ich adäquat reagieren.	☐	☐
17. Ich bereite mich auf schwierige/wichtige Gespräche vor und überlege, was die Eltern brauchen, um das Problem zu verstehen.	☐	☐
18. Ich nehme auf das Sprachniveau der Eltern Rücksicht.	☐	☐
19. Ich rede mit den Eltern auf Augenhöhe.	☐	☐
20. Ich vertrete meine Ansichten, kann sie sachlich begründen und vertreten.	☐	☐
21. Ich höre aufmerksam zu.	☐	☐
22. Ich bin den Eltern gegenüber höflich und freundlich.	☐	☐
23. Ich versuche, die Sichtweise der Eltern zu verstehen.	☐	☐
24. Ich lasse die Eltern ausreden.	☐	☐
25. Ich kann den Eltern Sachverhalte so erklären, dass sie wissen, was ich meine.	☐	☐
26. Ich bleibe auch in schwierigen Gesprächssituationen ruhig.	☐	☐
27. Ich versuche, jedes Gespräch für alle Beteiligten zu einem Gewinn zu machen.	☐	☐
28. Mir ist es wichtig, dass keiner „sein Gesicht verliert“.	☐	☐

GESAMTPUNKTE (Maximal sind 28 Punkte möglich.): ....

Selbsteinschätzungsbogen Kommunikation – Auswertung

Zählen Sie die Punkte der Kategorie „Kann ich gut" zusammen und lesen Sie hier nach, wie gut Sie jetzt schon das Thema „Kommunikation" beherrschen.

0 bis 10 Punkte:

Sollte Ihre Selbsteinschätzung in diesem Punktebereich liegen, freuen wir uns, wenn Sie sich noch intensiver mit dem Thema „Schwierige Elterngespräche" auseinandersetzen. Sie werden sicherlich viele Aspekte in diesem Buch entdecken, die es für Sie leichter machen, noch konstruktiver und wertschätzender mit Eltern zu kommunizieren.

11 bis 25 Punkte:

Liegt Ihre Selbsteinschätzung in diesem Punktebereich, können Sie sich freuen. Ihre Kommunikation mit Eltern hat bereits eine gute Basis. Unsere Empfehlung: Nutzen Sie die zahlreichen Praxistipps aus den einzelnen Kapiteln und geben Sie so Ihrer Kommunikation mit Eltern noch den letzten Schliff.

26 bis 28 Punkte:

Wenn Ihre Selbsteinschätzung in diesem Punktebereich liegt, können wir nur sagen: Herzlichen Glückwunsch! Sie sind in Ihrer Kommunikation mit den Eltern sicher und wertschätzend. Bleiben Sie trotzdem an dem Thema dran und reflektieren Sie nach wie vor Kommunikationssituationen mit den Eltern. – Dann klappt es auch weiterhin, wenn es mal schwierig sein sollte. Hierfür empfehlen wir Ihnen, dass Sie sich den einen oder anderen Spezialtipp aus den einzelnen Kapiteln herausfiltern und so zum Profi für jedes noch so schwierige Elterngespräch werden.

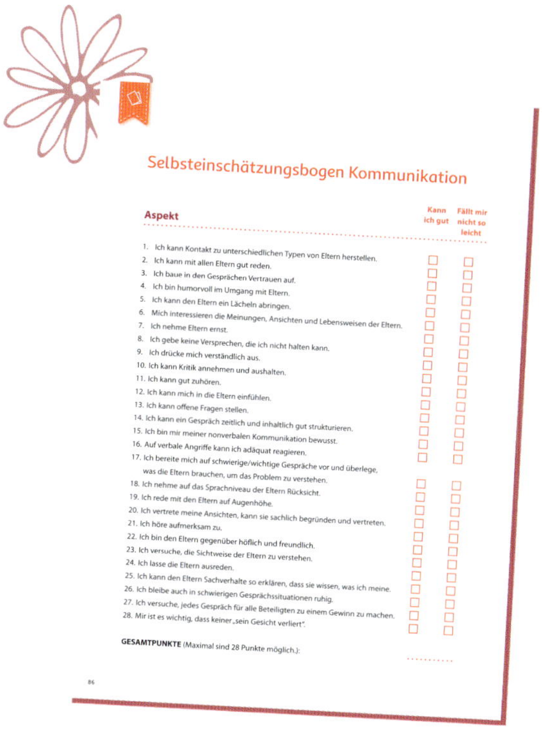

Selbsteinschätzungsbogen Kommunikation

Aspekt	Kann ich gut	Fällt mir nicht so leicht
1. Ich kann Kontakt zu unterschiedlichen Typen von Eltern herstellen.	☐	☐
2. Ich kann mit allen Eltern gut reden.	☐	☐
3. Ich baue in den Gesprächen Vertrauen auf.	☐	☐
4. Ich bin humorvoll im Umgang mit Eltern.	☐	☐
5. Ich kann den Eltern ein Lächeln abringen.	☐	☐
6. Mich interessieren die Meinungen, Ansichten und Lebensweisen der Eltern.	☐	☐
7. Ich nehme Eltern ernst.	☐	☐
8. Ich gebe keine Versprechen, die ich nicht halten kann.	☐	☐
9. Ich drücke mich verständlich aus.	☐	☐
10. Ich kann Kritik annehmen und aushalten.	☐	☐
11. Ich kann gut zuhören.	☐	☐
12. Ich kann mich in die Eltern einfühlen.	☐	☐
13. Ich kann offene Fragen stellen.	☐	☐
14. Ich kann ein Gespräch zeitlich und inhaltlich gut strukturieren.	☐	☐
15. Ich bin mir meiner nonverbalen Kommunikation bewusst.	☐	☐
16. Auf verbale Angriffe kann ich adäquat reagieren.	☐	☐
17. Ich bereite mich auf schwierige/wichtige Gespräche vor und überlege, was die Eltern brauchen, um das Problem zu verstehen.	☐	☐
18. Ich nehme auf das Sprachniveau der Eltern Rücksicht.	☐	☐
19. Ich rede mit den Eltern auf Augenhöhe.	☐	☐
20. Ich vertrete meine Ansichten, kann sie sachlich begründen und vertreten.	☐	☐
21. Ich höre aufmerksam zu.	☐	☐
22. Ich bin den Eltern gegenüber höflich und freundlich.	☐	☐
23. Ich versuche, die Sichtweise der Eltern zu verstehen.	☐	☐
24. Ich lasse die Eltern ausreden.	☐	☐
25. Ich kann den Eltern Sachverhalte so erklären, dass sie wissen, was ich meine.	☐	☐
26. Ich bleibe auch in schwierigen Gesprächssituationen ruhig.	☐	☐
27. Ich versuche, jedes Gespräch für alle Beteiligten zu einem Gewinn zu machen.	☐	☐
28. Mir ist es wichtig, dass keiner „sein Gesicht verliert".	☐	☐

GESAMTPUNKTE (Maximal sind 28 Punkte möglich.): ....

86

Reflexionsbogen: Meine innere Einstellung zu Eltern

Datum: ______________________

Was sind für mich gute Eltern?

____

Wie sollten Eltern sein – aus meiner Sicht?

____

Kann ich es zulassen, dass andere Menschen andere Familienbilder entwickeln?

____

Kann ich es zulassen, dass andere Menschen anders mit Kindern umgehen als ich?

____

Akzeptiere und respektiere ich Eltern, auch wenn sie andere Positionen als ich vertreten?

____

Glaube ich daran, dass Eltern an einer guten Entwicklung ihrer Kinder interessiert sind? Wenn ja, denke ich, dass sie dafür Verantwortung übernehmen?

____

Brauchen Eltern Unterstützung und Verständnis oder Belehrung und klare Ansagen?

____

Bin ich als Erzieherin eine „Besserwisserin" oder eine „Anderswisserin"?

____

Glaube ich, dass Eltern den reibungslosen Ablauf in der Kita stören?

____

Sind Eltern für mich eine willkommene Unterstützung und teile ich gern die Verantwortung mit ihnen?

____

Bin ich wirklich offen für andere Meinungen?

____

Bin ich bereit, Aussagen aus dem Blickwinkel der Eltern zu betrachten?

____

Checkliste zur Selbstbeobachtung: Was mache ich gegen Stress?

Fragen zur Selbstbeobachtung	Ja, mache ich bereits	Nein, mache ich nicht
Ich beobachte täglich mein eigenes Stresslevel.	☐	☐
Ich nehme körperliche Warnsignale ernst.	☐	☐
Ich habe regelmäßige Pausen.	☐	☐
Ich setze klare Prioritäten.	☐	☐
Ich kenne meine Grenzen und halte diese ein.	☐	☐
Ich beobachte meine Gefühle und spreche mit anderen darüber.	☐	☐
Ich unternehme regelmäßig etwas mit Freunden oder Kollegen außerhalb der Arbeit.	☐	☐
Ich kenne Entspannungsübungen und nutze diese auch.	☐	☐
Ich nutze die Möglichkeiten der Supervision.	☐	☐
Ich treibe Sport.	☐	☐
Ich habe ein schönes Hobby, das mich ablenken kann.	☐	☐
Ich kann Kollegen um Rat fragen, wenn ich Hilfe oder Rat benötige.	☐	☐
Ich kann Distanz wahren und trotzdem empathisch sein.	☐	☐
Ich sorge für mein Wohlbefinden.	☐	☐
Ich schaffe es auch, „Nein“ zu sagen.	☐	☐
Stopp sagen! Ich nutze aktiv Stopp-Techniken, um aus Gedankenkarussells auszusteigen.	☐	☐

Auswertung

Freuen Sie sich über jedes Kreuz, das Sie in der „Ja“-Spalte gemacht haben. Aber achten Sie besonders auf die Punkte, die Sie in der „Nein“-Spalte angekreuzt haben. Hier gilt es, einmal genauer hinzuschauen und zu überlegen, was und wie Sie noch besser werden können. Nutzen Sie diese Checkliste in regelmäßigen Abständen und überprüfen Sie damit Ihren aktuellen Status immer mal wieder. Je mehr „Ja“ Sie ankreuzen, desto besser!

Checkliste: Mein Verhalten in der Analysephase bei Elterngesprächen

Datum: ____________________

Thema	Ja	Nein
Ich lasse den Eltern ausreichend Zeit, um über das Anliegen/Problem nachzudenken und auch, um auf meine Sichtweise reagieren zu können.	☐	☐
Ich achte auf die Trennung von Beobachtung und Interpretation.	☐	☐
Ich achte generell auf Kommunikationsblocker und vermeide diese.	☐	☐
Ich informiere mich über das Problem/Anliegen, ohne das Ziel aus den Augen zu verlieren.	☐	☐
Ich achte auf ressourcenorientierte Fragen.	☐	☐
Ich formuliere Fragen, die für das Anliegen wichtig sind.	☐	☐
Ich stelle keine Diagnosen.	☐	☐
Ich vermeide emotionalisierende Begriffe.	☐	☐
Ich beziehe die Eltern aktiv in das Gespräch ein.	☐	☐
Ich nehme die Interessen und Bedürfnisse der Eltern wahr und kann auch meine Meinung vertreten.	☐	☐
GESAMTWERT	______	______

Seien Sie ehrlich zu sich: Wie oft haben Sie „Ja“ angekreuzt?

Falls Sie in manchen Fällen ein Nein angekreuzt haben, dann probieren Sie doch hier ganz bewusst die Tipps aus Kapitel 4 ab S. 41 aus.

Reflexionsbogen: Wie gehe ich mit Konflikten um?

Habe ich in der Kindheit gelernt, mich mit Konflikten auseinanderzusetzen?

Durfte ich mich als Kind streiten oder war es verpönt, die eigene Meinung zu sagen und diese durchzusetzen?

Weiß ich, welche Konflikte ich durch mein eigenes Verhalten auslöse?

Erkenne ich, wann ein Konflikt entstehen kann?

Nehme ich Konfliktsignale wahr und spreche sie an oder ignoriere und vermeide ich diese?

Wie verhalte ich mich in Konfliktsituationen? Bin ich eher kämpferisch und lasse mir nichts gefallen oder vermeide ich lieber eine Auseinandersetzung und tue so, als sei nichts gewesen?

Erstarre ich und bin komplett handlungsunfähig, wenn es zu Konflikten kommt?

Wie geht es mir in Konfliktsituationen? Was sind meine Gedanken und Gefühle?
Was spüre ich auf der Körperebene? Wie verhalte ich mich?

Spreche ich Konflikte an und versuche, sie so schnell wie möglich mit meinem Gegenüber zu klären?

Mit welcher Konfliktlösungsstrategie habe ich gute Erfahrungen im Sinne einer Klärung gemacht?

Welche Konflikte habe ich in meinem bisherigen Leben schon gut im Gespräch lösen können?

Reflexionsfragen zur Lösungsstrategie von Konflikten

Situation:

Sehe ich (vermutete) Auslöser für die konfliktgeladene Situation?

Welchen Beitrag habe ich dazu geleistet, dass die Situation nicht mehr konstruktiv war?

Habe ich entgegen meines pädagogischen Rollenverständnisses (unbewusst) gehandelt?

Was kann schlimmstenfalls passieren, wenn ich kein klärendes Gespräch führe?

Wie würde ich gern den weiteren Kontakt gestalten?

Welche Regeln würde ich gern vereinbaren?

Wie sähe der optimale Zustand nach der Konfliktklärung aus?

Reflexionsbogen: Mein Verhalten bei Tür-und-Angel-Gesprächen

Nutze ich Tür-und-Angel-Gespräche, um mit allen Eltern ins Gespräch zu kommen?

Wie komme ich mit den Eltern ins Gespräch? Welche Fragen stelle ich?

Rede ich mit einigen Eltern länger als mit anderen?

Wie stark lasse ich mich von Sympathien bei Tür-und-Angel-Gesprächen leiten?

Welche Eltern meide ich bei Tür-und-Angel-Gesprächen?

Bin ich gleichbleibend wertschätzend und zugänglich?

Wann wirke ich genervt und abweisend?

Wann und wie grenze ich mich ab, wenn mir Tür-und-Angel-Gespräche zu lang oder zu intensiv werden?

Gehen wir mit dem Team gleichermaßen mit Tür-und-Angel-Gesprächen um?

Reflexionsfragen nach Elterngesprächen

War meine Haltung den Eltern gegenüber wertschätzend und wohlwollend?
Was habe ich dazu beigetragen?

Wie zufrieden bin ich mit dem Gespräch?

Was ist positiv gelaufen?

Habe ich meine Ziele klar und verständlich formuliert?

Haben die Eltern meine Ziele verstanden und nachvollziehen können?

Habe ich meine Ziele erreicht, und wenn ja, wie habe ich sie erreicht?
Wenn nein, was hat mich gehindert?

Welche Gesprächsmethoden habe ich angewandt? Wie haben die Eltern darauf reagiert?

Habe ich mich während des Gesprächs sicher, souverän und kompetent gefühlt?

Habe ich wirklich das aktive Zuhören eingesetzt?

Habe ich meine Beobachtungen des Kindes sachlich formuliert?

Habe ich die positiven Eigenschaften und Fähigkeiten des Kindes ausreichend gewürdigt?

Wie hoch war mein Redeanteil? Habe ich den Eltern ausreichend Platz eingeräumt und genug Fragen gestellt?

Gab es Situationen, in denen ich mich angegriffen gefühlt habe? Wenn ja, was waren das für Situationen?

Sind die getroffenen Vereinbarungen realistisch?

Habe ich die Gesprächsleitung übernommen? Wenn ja, was habe ich gut gemacht? Wenn ich mir die Gesprächsführung aus der Hand habe nehmen lassen, was hat dazu geführt?

Worauf achte ich beim nächsten Elterngespräch? Welche Verhaltensweisen und Reaktionen möchte ich beim nächsten Gespräch weniger zeigen?

Was sollte beim nächsten Elterngespräch auf keinen Fall noch einmal passieren?

Habe ich meinen Zeitplan eingehalten? Hat die veranschlagte Zeit gereicht?

Literaturverzeichnis

Armbrust, Joachim; Kießler-Wisbar, Siegbert; Schmalzried, Wolfgang:
Konfliktmanagement in der Kita: Verständigungsprozesse im Team gestalten.
Carl Link Verlag, Kronach, 2018.

Goleman, Daniel; Boyatzis, Richard E.; McKee, Annie:
Emotionale Führung.
Ullstein, Berlin, 2003.

Gordon, Thomas:
Managerkonferenz: Effektives Führungstraining.
Heyne Verlag, München, 2011.

Graf, Johanna:
Familien-Team-Profi: Sozio-emotionale Kompetenzen fördern, Verhaltensstörungen vorbeugen: Ein Trainingsprogramm für pädagogische Fachkräfte in KiTas, in: Krenz, Armin (Hrsg.):
Handbuch für ErzieherInnen in Krippe, Kindergarten, Vorschule und Hort.
Olzog, München, 2008, Ausgabe 49.

Graf, Johanna:
Familienteam -–das Miteinander stärken: Elterntraining für ein respektvolles und glückliches Zusammenleben, in: Tschöpe-Scheffler, Sigrid (Hrsg.):
Konzepte der Elternbildung – eine kritische Übersicht.
Verlag Barbara Budrich, Berlin, 2006.

Kartmann, Siegfried W.:
Aktiv zuhören und clever fragen: Erfolgreiche Kommunikationstechniken für Führung und Verkauf.
GABAL, Offenbach, 2005.

Mienert, Malte; Vorholz, Heidi:
Gespräche mit Eltern: Entwicklungs-, Konflikt- und Informationsgespräche
Bildungsverlag EINS, Troisdorf, 2007.

Schopp, Johannes:
Eltern stärken: Die Dialogische Haltung in Seminar und Beratung.
Verlag Barbara Budrich, Berlin, 2010.

Schulz von Thun, Friedemann:
Miteinander reden: 1 Störungen und Klärungen. Allgemeine Psychologie der Kommunikation.
Rowohlt Verlag, Reinbek, 1981.

Zur Autorin

Daniela Sauermann

Als Diplom-Pädagogin kennt Daniela Sauermann die Herausforderungen der Arbeit in pädagogischen Einrichtungen. Vor diesem Hintergrund führt sie an der Kindergartenakademie kompetente Fortbildungen für Erzieher und pädagogisches Fachpersonal, speziell für die Bereiche Leitung, Kommunikation und Teamorganisation, durch. Ein Schwerpunkt dabei ist der Bereich der Kommunikation mit Eltern. In ihren Seminaren hilft Frau Sauermann Erzieherinnen und Erziehern, auch schwierige Elterngespräche professionell und kompetent zu führen.

Nachgefragt

Für den einen ist es die Schokolade, für den anderen das geliebte Haustier. Wofür haben Sie eine Schwäche?

Für Schleichtiere! Ich besitze inzwischen einen wahren Schatz an Tieren und nutze diese auch in meinen Trainings und Seminaren für einen spielerischen Anfang oder für Aufstellungen – da sind der Kreativität keine Grenzen gesetzt.

Wo findet man Sie an einem typischen Samstagmorgen?

Da findet man mich wahrscheinlich auf dem Tempelhofer Feld, wenn ich mit meiner Laufpartnerin eine große Runde drehe.

Was würden Sie auf eine einsame Insel mitnehmen?

Einsame Insel? Oh nein, da will ich gar nicht hin, da ist es mir viel zu einsam. Ich würde meine Familie mitnehmen, meine Freunde und Bekannten, Bücher, Schreibzeug, Malsachen, Kekse …